KB129626

단순하게
소박하게

NANAM
나남출판

단순하게
소박하게

문명을 거부한
어느 수행자의 일상

2021년 7월 30일 초판 발행
2021년 10월 5일 2쇄 발행

지은이   전충진
발행자   조완희
발행처   나남출판사
주소   10881 경기도 파주시 회동길 193, 4층 (문발동)
전화   031-955-4601 (代)
팩스   031-955-4555
등록   제406-2020-000055호 (2020.5.15)
홈페이지   www.nanam.net
전자우편   post@nanam.net

ISBN   979-11-974673-7-0
          979-11-971279-3-9 (세트)

단순하게
소박하게

문명을 거부한
어느 수행자의 일상

전충진 지음

NANAM
나남출판

책머리에

〈몽유도원도〉가 있다.

안평대군이 꿈속에서 거닐었던 복사꽃 핀 비非인간 세상. 안견이 그렸다는 그 그림 말이다. 사람은 귀천을 떠나 누구나 한세상 살면서 도원桃園을 꿈꾸는가 보다. 구중궁궐 왕자마저도 무릉도원을 꿈꾸는 것을 보면…. 달리 보면 도원은 어디에도 없기에 모두가 꿈이라도 꾸는지 모른다.

눈보라 치는 밤, 처마 끝 시래기가 바람에 쓸리는 소리를 듣고 '가난이 깊어 가는 소리'라 여기며 두보杜甫의 불우를 생각하는 곳. 없으면 없는 대로, 불편하면 불편한 대로 내 삶을 기껍게 살아가는 곳, 그런 곳이 있다. 과연, 이만하면 도원은 아닐지라도, 능히 한세상을 꿈꿀 만한 곳이라 하지 않겠는가!

이 세상 어디에도 존재하지 않는 도원. 그러나 도원을 떠올릴 만한 곳, 그런 곳 한 군데쯤 마음속에 간직하여 때로 그리워

하고, 때로 위안을 얻는다면, 그것만으로도 즐거움이 되지 않겠는가.

도원을 꿈꾸는 분들께 이 책을 바친다.

2021년 7월 5일

전충진

차 례

들어가는 글

우리 인생의 9할은 '잘못된 선택'. 그나마 그중에서도 한두 번 '잘한 것'이 있다는 것이 얼마나 다행한 일인가. 일찍이 내게도 그런 잘한 일 하나가 있다.

직장 다니던 시절, 사무실 근처에 조용한 전통찻집이 있었다. 나는 퇴근 후 매일처럼 그 찻집에 들러 따뜻한 차 한 잔 마시는 것을 하루의 즐거움으로 삼았다. 그 찻집에는 처음 갔을 때부터 유독 눈길을 끄는 것이 하나 있었다. 마루 벽 중앙에 가로로 걸려 있는 붓글씨 한 점.

茝花村裏草蟲啼
콩꽃 핀 마을 안에 풀벌레 소리*

----

* 이 글은 두보 시의 한 구절로 한가로운 시골 풍정을 노래한 것이다. 육잠

9

〈두화촌리초충제〉, 150×35cm

　획이 가늘면서도, 뼈대가 강해 보이는 글씨는 서예 문외한의 눈에도 무척 독특해 보였다.

　"글씨가 참 맑죠? 스님이 쓴 것인데 사람들이 보고 속기俗氣가 없다 그러데요."

　들를 때마다 편액을 힐끔거리는 것을 눈치 챈 찻집 주인이 하루는 붓글씨 주인공을 소개했다.

　"저 글씨는 육잠六岑이라는 스님이 썼습니다. 스님은 전기도 전화도 없는 거창 가북 골짜기 숲속에 살고 있지요. 그곳에 〈두곡산방杜哭山房〉이란 작은 토굴을 짓고, 농사를 지으면서 서예공부를 하고 있습니다. 스님이 얼마나 맑고 소박하게 사는지…, 요즘 세상에 고무신을 기워 신는다면 말 다한 거죠. 그런데도 전혀 불편해 하지 않고 오히려 넉넉하다고 생각하시는 분입니다."

　스님은 2007년 첫 서예전시회 때 이 작품을 내걸었는데, 그때 "이 글씨는 무료한 봄날 장록(자리공)이라는 풀 가지를 꺾어 쓴 글"이라고 적었다.

글씨 주인공을 소개하는 찻집 주인의 눈은 열기와 함께 자부심이 배어났다. 그러면서 그는 스님 토굴에 같이 한번 다니러 가자고 권했다. 나는 천성적으로 낯가림이 심해, 먼저 나서서 사람을 사귀고 그러지 못하는 편이다. 찻집 주인을 따라 토굴에 가는 것은 애초 생각 밖의 일이었다. 그런 한편으로는 자연과 동화된 소박한 생활을 하는 스님이 있다니 슬며시 호기심이 발동하기는 했다.

초봄 이후, 토굴에 같이 가자는 찻집 주인의 권유를 두 번이나 거절했다. 세 번째는 더 이상 사양할 핑곗거리가 없었다. 어느 가을날, 그렇게 코뚜레 꿰인 송아지마냥 스님의 두곡산방을 찾아가게 되었다. 그것이 내 생애에서 '잘한 일' 하나, 육잠 스님과의 만남이었다.

세상의 큰일도 실로 조그만 것에서부터 시작된다고 했던가. 내 삶에 있어 이 소소한 만남은 참으로 과분한 청복淸福으로 이어졌다. 20여 년 전 첫 인연을 맺은 후, 때로 스님의 두곡산방을 드나들면서 나는 가히 가늠할 수 없는 영혼의 위안을 받았다.

'단순하게, 소박하게.' 스님의 생활은 담박澹泊한 일상 그 자체였다. 스님은 종이 한 장 함부로 버리는 법이 없고, 10리 길 정도는 으레 걸어 다닐 줄로만 알았다. 먹을거리는 직접 농사를 지으면서, 지게 지고 나무 해와 군불을 지피는 단순한 일상을 누렸다. 그러면서도 달 뜨는 밤이면 선시禪詩를 펼치기도 하고, 비 오는 날이면 벼루에 먹을 갈아 글을 쓰는, 그런 소박한 생활을 했다. 그렇게 자연 속에 묻혀 자족自足하는 스님의 나날은 차라리 경이로웠다. 도회지 생활을 하는 현대인의 삶이 으레 그렇듯, 좀더 큰 것, 좀더 높은 곳, 좀더 편한 것에만 정신이 팔린 나에게, 스님이 사는 모습은 어깨를 내리치는 죽비竹篦와도 같았다.

무엇보다, 청빈淸貧한 스님의 산중생활과 문기文氣를 접하면서 나는 조금씩 변해 갔다. 내 영혼을 팔아서라도 아파트를 한 채 장만하겠다는 마음, 무슨 수를 써서라도 부장이 되어야겠다는 생각, 엇길로 가는 이 사회를 뒤엎어 버리고 싶은 분노감, 이런 '악착스런 마음'에서 조금씩 풀려나는 나를 스스로 발견할 수 있었다.

지나고 보니, 살면서 이보다 더한 복이 어디 있겠나 싶다. 그 청복을 혼자 누리기는 죄스럽고, 또 아까웠다. 내 비록 아둔하여 재주가 없지만, 육잠 스님과 두곡산방, 그곳 사람과 그 땅의 향기는 도무지 외면할 수가 없었다. 감당할 수 없는 마음속의 그 무엇이 터져 나와 저절로 그렇게 흘러넘치는 것이었다.

물론, 이런 나를 두고 누구는 괘꽝스럽다 할 것이다. 돈과

명예, 그리고 권력을 최고의 가치로 삼는 이 시대에 산중에서 꽃을 가꾸고 달을 노래하며, 한 발짝 느리게 사는 삶을 시답잖게 여길 수도 있기에 그럴 것이다.

학자들은 '욕구'와 '욕망'은 다르다고 말한다. 잠을 자고 싶다는 욕구는 누구나 채울 수 있지만, 미스코리아를 안고 자고 싶다는 욕망은 누구나 이룰 수 없다고 했다. 그럼에도 대부분 세상 사람들은 이루지 못할 것, 그 욕망의 노예가 되어 온전한 내 삶을 살지 못하고 마치 타인의 삶처럼 꺼둘려 살아가고 있다는 것이다.

이런 마당에, '자신의 삶'을 위해 산으로 들어가 담박한 생활을 하는 수행자가 있다는 것, 그것만으로도 이 시대 사람들에게 작은 위안이 되지 않을까 싶었다. 더하여, 한 발짝 느리지만 산중의 맑고 간소한 삶을 본다면, 자나 깨나 부귀영달에 목맨 채 끙끙거리는 사람들에게, 한 번쯤 심호흡하는 시간이 될 것이라는 생각도 들었다. 그래서 내가 객客의 눈으로 본 것과 스님한테 들은 이야기를 서로 잇대어, 틈틈이 찍은 사진, 그리고 스님의 서화를 더하여 한 권 책으로 묶게 되었다.

그러나 안타깝게도 육잠 스님은 2012년 이후 거처를 이 글의 주 무대인 경남 거창에서 경북 영양으로 옮겼다. 참으로 애석한 일이다. 그로써 거창 토굴, 두곡산방은 옛 모습을 잃고 말았다.

비록 지금은 옛 주인도 떠나 버리고 옛 정취도 사라졌지만, 두곡산방을 기억하는 사람들에게는 그 시절의 소쇄瀟灑한 아름다움만은 결코 잊힐 수 없는 것들이다. 그래서 풍아風雅한 것들이 영원히 사라지지 않고 세상 사람들에게 '꿈속의 꿈'이나마 되길 바라는 마음 간절했다. 두곡산방을 지면으로 남기고자 하는 뜻이 거기에 있다.

이 책과 함께하는 동안 솔바람 이는 산창 아래서 스님과 더불어 한담閑談 한 자락 나누는 시간이 되었으면….

〈월조하년수 화봉기편인〉, 40×35cm
달은 몇 년이나 나무를 비추었고
꽃은 몇 번이나 사람을 만났을까

덕동마을

덕동은 전기도 전화도 없는 산골마을이다. 그곳은 1,317미터 수도산 봉우리가 서西에서 동東으로 내리뻗은 동봉 능선 한 자락을 뼈대 삼아 들어앉은 첩첩산중이다.

그런 만큼 덕동은 '좌회전 우회전' 그렇게 찾아가는 곳이 아니다. 가야산 뒷자락과 수도산 앞자락이 서로 밀고 밀치며 만들어 낸, 길고 좁은 골짜기를 파고들어야 한다.

거창 가북면의 간선도로 아스팔트길을 내쳐 따라가면 막다른 골짜기를 앞두고 가북저수지가 나타난다. 그 저수지가 끝나는 즈음의 마을이 명동마을. 명동을 거쳐 굵은 느티나무들이 늘어선 굽은 도로를 지나면 산자락 쪽으로 올라붙은 마을이 나타난다. 가북면 내촌리. 덕동마을은 그 내촌리 마을 한중간 골목길을 구불구불 통과해야 한다. 자칫하면 엉뚱한 골목길로 들기 쉽다. 마을 고샅길이 갈라지는 곳에서는 돌담에 적힌 〈덕동〉

육잠 스님이 내촌마을 고샅길 돌담장에 적어 둔 〈덕동〉 안내표시.
세월이 지나면서 글씨가 빛이 바래 흐릿해졌다.

과 화살표를 잘 살필 일이다. 돌담 이정표는 육잠 스님이 산방
을 찾는 사람들을 위해 표시해 두었다.

　내촌마을을 통과하여 덕동으로 오르는 길 초입은 여느 농
촌 산길과 다름없다. 다랑논과 밭들이 구불구불 이어진다. 시
멘트 포장 농로 옆으로는 콩이나 고추, 오미자 따위를 심은 밭
이다. 길은 밋밋하여 운치가 없다. 그러나 논밭이 끝나는 곳에
서부터는 제법 호젓한 풍경이 펼쳐진다. 숲이 시작되면서 두터
운 소나무 숲이 이어지고, 산길은 굽이져 오솔길을 걷는 묘미
를 더한다. 길 아래로는 맑은 개울이 흐르고, 그 사이에 키 큰

산중의 덕동마을을 보노라면 다산 정약용이 말한 은둔자가 살 만한 길지가
자연스레 연상된다. 사진은 녹음 속에 묻힌 두곡산방 토굴의 사립문.

소나무들이 줄지어 있다. 황톳길은 굵은 솔뿌리가 발바닥에 밟
히는 느낌이 생생하다. 큰 절의 암자에 오르듯 청량감이 드는
것이다.

덕동마을은 또 다른 길로도 오를 수 있다. 내촌리에서 출발
한 길은 활 모양을 그리며 반대편 명동으로 내려온다. 덕동은
그 임도林道 중간에 자리하고 있기에 명동으로도 산길이 이어져
있는 것이다. 그렇지만 이 길은 좁고 험해서 잘 다니지 않는다.

어느 쪽으로 오르건 마을의 전경이 드러나는 언덕배기에

다다르게 된다. 언덕배기 길섶에는 〈덕동주차장〉이란 조그만 나무푯말이 있다. 그 앞에 걸음을 멈추면 오래된 돌배나무 두 그루가 마을 중심에 버티고 있는 것이 보인다. 돌배나무가 그 왕성한 세력으로 둘레에 몇몇 집과 밭, 그리고 나무들을 거느리고, 마을의 사계四季를 지배하고 있는 곳, 그곳이 덕동이다.

이렇게 당도한 덕동마을은 앞산이 무릎을 들이밀듯 마을에 바짝 붙어 있고, 서북향으로는 산봉우리가 높이 솟아올라 동으로만 하늘이 빠끔히 열려 있다. 앞산과 뒷산은 바지랑대를 걸칠 정도로 마주보며 나란히 내리뻗었다. 덕동마을은 겨울철이면 한 줌 햇살이 아쉬울 만큼 골이 깊다. 산기슭에 정남향으로 앉아 있는 〈두곡산방〉도 한낮 잠시 동안만 볕살이 청마루에 들다 만다. 덕동마을은 고개를 들면 나무의 바다요, 눈을 돌리면 불거진 바위와 돌뿐이다.

산골마을 사이로는 골짜기를 따라 개울이 흐른다. 수도산 단지봉에서 발원한 계곡물은 사철 이끼 낀 바윗돌 사이로 흘러내린다. 산집들은 개울을 사이에 두고 앞 계곡을 건너다보며 산비탈에 늘어서 있다.

산중의 덕동마을을 보면 다산 정약용이 〈제 황상유인첩題黃裳幽人帖〉에서 말한 은둔자의 길지吉地가 자연히 떠오른다.

땅을 고를 때에는 모름지기 산 좋고 물 맑은 곳을 얻어야 한다. 하지만 강을 낀 산은 시내를 낀 산만 못하다. 마을 어귀에는 가파른 절벽이 있어야 한다. 바위를 끼고 조금 들어가면 시야가 확 틔면서 눈이 시원해져야 비로소 복지福地라 할 만하다.

덕동마을이 꼭 그러하다. 이곳 산속 집들을 본 사람들은 누구나 '이런 골짜기에 이런 마을이…!' 하고 놀란다. 비록 마을

초봄 비 갠 후의 덕동마을 전경.
앞쪽 빨간 지붕이 손 처사네, 좌측 끝 나무에 가린 흰 벽에 기와지붕 집이 두곡산방이다.

어귀 가파른 절벽과 큰 바위는 없지만, 다산이 말한 은거하는 사람이 살 만한 자리라는 생각이 절로 드는 것이다.

좁은 계곡을 끼고 황소 등짝 같은 언덕에 기댄 마을은 한눈에 봐도 궁벽한 화전촌이다. 도도록한 언덕 남향받이 서너 채 집과 층 지어 늘어선 가풀막진 북향의 비탈 밭. 작은 마을은 골짜기로 올라갈수록 점점 쪼그라져 머지않아 길은 끝내 산으로 흡수되어 버린다. 골짜기의 마지막 마을이자 하늘 아래 첫 동네인 것이다.

은자隱者가 은거할 만한 곳인 만큼 덕동에서는 사람보다도 오히려 산짐승이 흔하다. 마을을 둘러싼 숲속에는 고라니, 청설모, 산토끼 등 길짐승부터 멧비둘기, 어치, 꿩, 박새와 같은 날짐승들이 스스럼없이 돌아다닌다. 그런 만큼 마을을 찾는 사람은 봄철은 주로 산나물꾼이고, 겨울철에는 고작해야 산불감시원이다. 여름철에는 더러 무인 산간을 등산하는 사람이 눈에 띄기도 하지만, 늦가을부터는 엽총을 둘러맨 포수들이 가끔 지나갈 뿐이다.

덕동마을은 이렇듯 사람은 귀하지만 그것이 그리 아쉬울 것도 없다. 이곳에서는 어느 것 하나 말 상대가 되지 않는 것이 없다. 길섶의 바위는 저 혼자 듬직하고, 마을 고샅에서 밭둑으로 이어진 돌담은 녹록잖은 연륜을 일러 준다. 다져진 오솔길은 단정하고, 꽃과 나무들은 각각 제 있을 자리를 잡았다. 서로 밀치거나 넘보지 않아 하나같이 편안하다.

그런 만큼 자연의 한 풍경으로 녹아든 덕동마을은 넉넉하진 않지만 초라하지도 않다. 세상과 돌아앉아 정갈하여, 차라리 안온하다. 그리하여 한 시절 주저앉고 싶은 그곳은 누구나 꿈꾸는 세상이다. 덕동마을은 '청안淸安'이 머무는 곳이다. 두곡산방은 그곳에 있다.

내 집은 숲 깊이 있어
해마다 해마다 취넝쿨이 자라네
사람의 일로 다시 바쁠 것
없으니 때로는 나뭇꾼이
노래소리 들리네
석양으로 등에 지고
해진 옷 기우고
달을 마주하며
옛 시를 읊네
그대에게 도의 길을 가는
이르노니 뜻한
바를 이루는 덴
많은 것 필요없네

양관선사 시
육잠 그림

35×35cm

23

바랑을 풀기까지

　육잠 스님이 덕동마을 산골로 든 것은 우연이 아니다. 일찍이 스님은 붓글씨를 쓰면서 농사도 지을 만한 수행처를 찾아 전국을 떠돌았다. 북으로는 강원도에서부터 남으로 지리산 자락까지, 산 좋고 물 맑다는 곳은 웬만큼 돌아봤다.

　한번은 지리산 자락에 터를 잡을 뻔한 적도 있다. 산세가 빼어나기로 소문난 경남 악양의 한 골짜기에 갔다. 산자락에 둘러싸인 조그만 마을이 스님 마음에 쏙 들었다. 마을은 산천의 기운도 흠흠하고 풍광이 수려하여 한 세월 지내기에 맞춤한 곳으로 보인 것이다. 수소문 끝에 스님은 혼자 살던 노파가 떠나면서 버려둔 외딴집을 구해 들었다. 그러나 얼마 지나지 않아 그것은 잘못된 선택임을 알았다. 그곳은 워낙 풍광이 수려하다 보니 이곳저곳 골짝마다 스님들이 살고 있었던 것이다. 육잠 스님은 마치 절골 같은 그곳을 6개월도 못 살고 떠나야 했다.

두곡산방 사립문. 육잠 스님은 1991년 이곳 거창 수도산 덕동마을에 첫발을 들여
손수 토굴을 짓고, 돌담을 쌓아 '농사짓는 중' 생활을 시작했다.

다시 마땅한 거처를 찾아 나섰다. 하루는 은사 스님 절이 있는 대구로 가는 길에 잠시 경남 거창을 들르게 되었다. 바람은 맑고 햇살은 따사로운 가을날이었다. 스님은 거창버스터미널에 내려 읍내를 향해 다리를 건넜다. 무심코 눈길을 준 다리 아래, 맑은 물속에는 물고기들이 떼 지어 헤엄치고 있었다. 그 광경을 본 스님은 거창 땅을 꼼꼼히 한번 살펴볼 만한 곳이라 생각했다.

스님은 바랑을 거창포교당에 잠시 맡겨 둔 채 버스가 다니는 골골마다 훑었다. 며칠을 두고 샅샅이 뒤졌지만 아쉽게도 선뜻 마음이 가는 곳을 찾지 못했다. 스님은 오늘이 거창 마지막 날이라 생각하며 완행버스를 탔다. 가북면의 한 골짜기로 들어간 것이다. 오후 서너 시가 되어 종점까지 가도 눈에 차는 곳이 없었다. 거창 땅과는 인연이 없구나 생각하며 다시 읍내로 되돌아 나오는 버스에 올랐다. 차 안에 승객이라고는 노인 한 분뿐이었다. 스님은 이렇게 된 바에야 한번 물어나 보자는 생각에 노인한테 말을 건넸다.

"어르신, 이 근처 어디 전기가 들지 않은 조용한 마을이 없습니까?"

"글쎄, 덕동마을이 아직 전기가 없지, 아마⋯."

"거기가 어디쯤입니까?"

"내가 내리는 데 따라 내리소."

해는 저물어 가는데 스님은 무작정 노인을 따라 버스에서 내렸다. 노인은 마을길로 들어서면서 동네 고샅길을 벗어나 곧장 산길을 따라가면 된다고 일러 줬다.

얼결에 버스에서 내리긴 했지만 읍내로 돌아가는 막차 시간이 빠듯했다. 스님은 마음이 급했다. 서둘러 걸어도 마을은 보이지 않고, 산길은 다랑논을 끼고 굽이굽이 이어졌다. 땀을 훔치며 잰걸음을 놀리는데, 멀리 다랑논에서 추수하던 한 농부가 스님을 보고 공손히 합장했다. 스님은 '이런 산골에도 중한테 예를 갖출 줄 아는 사람이 있구나' 하면서 산속에 숨은 덕동 마을을 찾아들었다.

마을은 사람이 살고 있는 집이 한 채뿐일 정도로 퇴락했지만, 예전에는 제법 규모를 갖췄을 법했다. 보기 드물게 골짜기는 반듯하고 양지발라 정감이 갔다. 스님이 마을을 한 바퀴 둘러보고 내려오는데, 좀 전에 논에서 합장하던 농부가 마을 어귀 집으로 들어섰다. 벼 베기를 마치고 집으로 오는 중이었다.

스님이 농부와 이런저런 얘기를 나누는 중에 어둠살이 내렸다. 막차 시간은 이미 지나 버린 뒤였다. 날은 어두워지고 농부가 함께 저녁밥 먹기를 청하기에 염치 불고하고 방으로 들었다. 농부는 슬하에 4남매를 거느리고, 아내와 단칸방에 살고 있

〈청산녹수시아가〉, 135×35cm
청산과 녹수가 나의 집이로구나!

었다. 농부의 처는 산발散髮에 검게 탄 얼굴이지만, 사슴처럼 순한 눈을 가지고 있었다. 한때 큰 절에서 불목하니를 한 적이 있다는 농부는 주로 잎담배 농사를 지으며 근근이 가족을 건사하는 형편이었다. 스님은 서너 평 남짓한 단칸방에서 농부 식구들과 함께 하룻밤을 신세질 수밖에 없었다.

한밤중, 지친 농부의 코 고는 소리 사이사이로 계곡물이 흐르는 소리가 또렷이 들려 왔다. 감질나지도, 요란하지도 않은 물소리는 마치 속살대는 귀엣말과도 같았다. 스님은 이 숲속에서 이렇듯 나물밥 먹고 배 두드리며 계곡물 소리를 베고 누웠으면, 그것만으로도 포실한 한 살림이겠다는 생각이 들었다.

'靑山綠水是我家.'(청산녹수시아가)

한밤 소쩍새 소리가 잦아들도록, '청산과 녹수가 나의 집이로구나'라던 옛사람 말이 머릿속을 떠나지 않았다.

墨家에
눈이 퍼부으니…
할일은 오직
붓을 희롱할 뿐,

15×18cm

전기가 없는 마을

거창 산골 농부의 집에서 하룻밤 묵은 이튿날, 스님은 신새벽에 자리를 털고 일어나 다시 한 번 마을을 찬찬히 둘러봤다. 사위는 고요한데 숲은 조금씩 잠에서 깨어나고 있었다.

크게 용틀임하며 내리뻗은 뒷산에는 소나무 숲이 무성했고, 마을 앞자락에는 노랗게 물든 낙엽송이 늦가을 여명 속에 빛났다. 골짜기 구석마다 사람이 살았던 흔적과 묵정밭이 흩어져 있었다. 한때는 옥수수나 잎담배가 무성했을 터이다. 사람 손길이 간 좁은 산밭 몇 뙈기에는 고춧대가 뽑혀 있고, 콩이 영글고, 서리 맞은 무가 실했다.

스님은 마을 안쪽으로 발걸음을 옮겼다. 개울을 따라 이어진 골목길 옆에는 늙은 재피나무들이 붉게 물들었고, 그 아래로 시냇물이 소리 내어 흐르고 있었다. 스님은 골목길을 따라 마을 끝에 있는 빈집으로 발길을 옮겼다. 빈집은 퇴락하여 스

여름날 저녁 육잠 스님이 촛불을 밝힌 채 어둠을 건너다보며 산중의 고요를 즐기고 있다.

산했지만, 뒤란의 아름드리 돌배나무 두 그루는 성성한 기운을
내뿜고 있었다. 스님은 돌배나무 아래 쪼그리고 앉았다. 마침
아침 햇살이 건너편 산봉우리 너머로 솟아오르자 앉은 자리는
따스했다. 왠지 모를 포근함에 고향집으로 돌아온 듯한 기분이
들었다.

　스님은 허물어져 가는 집을 헐고 새로 앉히면 아늑하겠다
싶었다. 지금껏 그렇게 많은 터를 보아 왔지만 이렇듯 마음이
움직인 적이 없었다. 스님은 토굴을 짓는다는 생각에 본채 자

리며, 창고 자리를 눈대중하고, 이리저리 걸음걸이로 재보았다. 그때 어떤 노부부가 시들어 가는 강아지풀을 밟으며 마당으로 들어섰다. 노부부는 멈칫하더니 스님이 여기 어쩐 일이냐고 물었다. 단번에 집주인이라는 느낌이 들었다. 스님은 덕동 마을에 오게 된 자초지종을 이야기했다. 안노인은 자기들이 집주인이라면서, 지금은 읍내에 나가 사는데, 김장배추 심어 놓은 것을 돌보러 왔다는 것이었다.

스님은 대뜸 집을 팔 생각이 없느냐고 물었다. 할아버지는 "전기도 없는데 뭣 하러 들어와 살려고"라며 애써 고개를 돌렸다.

전기 없는 마을! 그거야말로 오히려 스님이 원했던 것이 아닌가. 스님은 지금껏 그 전기가 들지 않는 마을을 무던히도 찾아다녔다. 스님이 전기가 들지 않는 곳에 살고자 하는 것은 스님 나름의 철학이자 시대에 대한 일종의 저항이었다. 최첨단 문명의 시대, 스님은 이 제동장치 없는 문명을 맹목적으로 쫓아간다면 과연 그 끝이 어디가 될지 두려웠다. 또 문명에 휘둘리는 이 시대 사람들이 허깨비로 변해 가는 것에 자존심이 상했다. 그 회의감으로 모든 문명의 기본이 되는 에너지, 전기를 외면하겠다고 생각하고 있었다. 불편함 정도야 당연히 감수할 각오가 되어 있는 터. 할아버지가 말하는 '전기 없는 마을'은 오히려 스님에게는 행운인 것이다.

"전기를 안 쓰겠다는 것이 나의 또 다른 욕심일지는 몰라도, 전기를 용인하는 것은 문명을 속절없이 받아들이겠다는 것이지요. 전기가 있다면 아무래도 가전제품들이 필연적으로 따라 들어오겠지요. 선풍기만 해도 그래요. 전기가 있는데 선풍기를 돌리지 않고 부채로 부치는 사람은 없을 겁니다. 편리하고, 편

전기 없는 덕동마을에 초저녁 어둠살이 내리자 육잠 스님이 청마루에 촛불을 밝히고 있다.

해지겠지요. 그런 만큼 더 움직이기 싫어지고, 삶의 방식 또한 달라질 수밖에 없을 터이고…. 나는 그렇게 기계에 의탁하는 삶이 마뜩찮았고 기계에 휘둘리는 생활이 싫었습니다. 그래서 늘 세상에 전기 없는 마을 하나쯤은 있어도 괜찮지 않을까 하고 생각한 것이지요."

훗날 스님은 전기 없는 마을을 찾던 당시의 속내를 내비친 적이 있다.

스님을 외면한 채 시큰둥하게 배추 포기를 묶는 할아버지와 달리, 할머니는 반색을 하며 제발 집을 사라고 매달렸다. 안 노인은 읍내서 멀리 나다니며 농사일 하는 데 엔간히 지쳤던 모양이다. 노부부는 스님을 앞에 세워 두고 티격태격했다. 할아버지는 뭐가 그리 아쉬워서 팔려고 하느냐고 언성을 높였고, 할머니는 이놈의 골짝 넌더리가 난다고 대거리했다. 한참 실랑이하더니 할아버지 목소리가 점차 잦아들었다. 한참 말이 없이 짚으로 배추만 묶던 할아버지가 내뱉듯이 한마디 했다.

"팔기로 한다면야 집뿐 아니라 딸린 밭도 모두 팔아야지…."

"밭은 몇 평이나 됩니까?"

"수월찮지. 그래도 한 집 살림 농삿거리는 실한데…. 800평은 좋이 되지."

"할아버지, 그럼 모두 합해서 얼마나 받으실 양이십니까?"

"글쎄 판다고 생각한 적이 없으니…."

할아버지는 한동안 말없이 뜸을 들였다. 그러자 할머니가 다가가 뭐라고 소리 낮춰 이야기했다. 스님은 조바심이 났다.

"집하고 다 합쳐서 200만 원은 받아야 하는데…."

할아버지가 내뱉듯 한마디 툭 던졌다. 스님은 두말 않고 200만 원에 사겠다고 했다. 그리고 며칠 뒤 읍내 대서방에 가서 계약서를 쓰고 돈을 지불하면서 좋은 자리 물려줘 고맙다며 따로 50만 원을 더 얹어 줬다. 스님은 이로써 한 시절 덕동과 인연을 맺게 되었다.

이곳 덕동마을은 태양이 만드는 하루, 즉 자연의 시간만이 존재한다. 땅은 사람으로 말미암아 명소도 되고 승지勝地도 된다고 했다. 전기가 없는 덕동은 그렇게 사람과 자연이 숨 쉬는 땅이 된 것이다.

주추를 놓고

육잠 스님 토굴, 두곡산방 뒤란 아궁이 벽에는 집을 지은 내력이 적혀 있다. 상량문을 대신한 것으로, 스님이 부지깽이로 쓴 것이 분명하다.

1991년 10월 5일 덕동에 들어옴. 같은 해 11월 20일 눈 속에 기둥을 세우고 12월 13일 집을 다 짓고 아궁이 불을 땜.

스님은 덕동마을에 터를 잡고 바랑을 풀었지만 걱정이 컸다. 겨울이 바로 코밑이어서 추위가 닥치기 전에 집 짓는 일을 마무리하기는 시간이 빠듯했다.

스님은 집터를 찾아다니는 동안 밤마다 앞으로 짓게 될 토굴을 상상했다. 작은 청마루에 부엌 딸린 방 두 칸, 해서 3칸 토굴로 짓기로 작정한 것이다. 그러다 보니 자연 기둥으로 세울

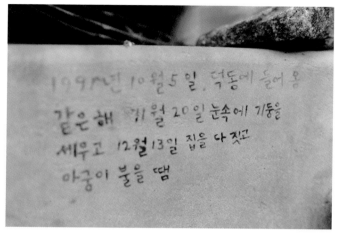

두곡산방 뒤란 아궁이 벽에 부지깽이로 적어 둔 토굴 지은 내력.

나무는 몇 치, 서까래는 몇 개, 지붕기와는 몇 장이라는 식으로 셈해 두었다. 어설프나마 틈틈이 그린 설계도도 늘 바랑에 넣고 다닌 터였다.

스님은 땅값을 치른 이튿날 당장 설계도를 들고 대구로 나갔다. 예전에 대구 근처 작은 절의 주지 소임을 맡을 당시 요사채 건축을 맡겼던 제재소를 찾아간 것이다. 제재소 사장은 반가워하며 흔쾌히 나무를 켜 주었다. 제재한 목재는 그 자리에서 전부 대패질해서 끼워 맞추도록 치목을 했다.

기둥이며 도리, 중방, 서까래를 실어다 놓고 집터를 닦기 시작했다. 앞서 노부부가 살던 본채는 집자리가 언덕 아래로 너무 내려앉아 있었다. 건물을 예전 그대로 앉히면 집이 너무 습할 것 같았다. 스님은 주추자리를 석자 정도 돋우기로 했다. 언뜻 보기에는 쉬워 보여도 땅을 바꾸는 일은 만만찮았다. 주춧돌이 놓일 자리를 일일이 곡괭이로 파내야 했다. 바위나 돌은 따로 모아 축대를 쌓고, 지게로 흙을 져다 날라 속을 채워야 했다. 집일에는 유일한 이웃인 손 처사가 자기 일처럼 일손을 보탰다.

　동서로 12자, 남북으로 8자, 3칸 집터가 완성되었다. 그렇지만 공양간 앉힐 자리의 바위가 문제였다. 워낙 큰 바위라 그것을 뽑아낼 재간이 없었다. 앞뒤로 아무리 폭을 줄여도 집 뒤 언덕에 박힌 큰 바위를 피하는 것은 무리였다. 축대 위에 집을 앉힐 자리 표시를 하고 보니 앞쪽으로 축담이 겨우 두 자 남짓밖에 남지 않았던 것이다. 달리 방법이 없었다. 바위가 한 자가량 공양간 벽 안으로 밀고 들어오도록 주춧돌을 놓기로 했다.

　터 닦기를 마무리 짓고 스님과 손 처사는 집짓는 일에 매달렸다. 목재들은 이미 설계에 맞춰 재단한 것이지만, 기둥에 장붓구멍을 파고 도리에 결구도 지어야 했다. 전기가 들어오지 않는 산골. 모든 일은 끌과 톱, 자귀, 대패 따위 손 연장으로 할 수밖에 없었다. 치목하는 일은 더디게 진행되었다. 늦가을 한기를 잊은 채 자르고, 깎고, 뚫은 끝에 11월 20일에야 겨우 상량을 할 수 있었다.

상량 때는 아랫마을 사람들이 여럿 올라왔다. 손 처사가 아랫마을 사람들을 두량하여 그렇게 온 데는, 일손도 일손이지만 스님을 마을 사람들에게 소개시키려는 나름의 배려가 깔려 있었다. 마을 사람들은 막걸리를 나눠 마시고 흰소리를 해가면서 모두들 흔쾌히 손을 보태 주었다.

3칸의 토굴은 가운데 청마루를 중심으로 왼편은 큰방으로 삼고, 오른편은 작은방으로 얼개를 세웠다. 작은방 뒤 돌아선 쪽으로는 공양간을 앉혔다. 정남향의 단정한 토굴이 제 모습을 드러낸 것이다.

스님은 기둥에 잇댄 중방을 가로지를 때 방에 앉아서 앞산이 건너다보이도록 했다. 두 방 모두 남쪽으로 창을 낸 것은 자연과 한 몸이기를 바라는 스님의 오랜 생각이었다. 스님의 남창 두 쪽은 "남으로 창을 내겠소. 밭이 한참 같이 괭이로 파고 호미론 김을 매지요"라고 노래한 김상용 시인의 뜻과 다를 바 없다. 먹물 옷의 수행자라고 해서 산가山家 서정마저 다를 리야 있을까….

스님은 거기다가 큰방에는 동쪽으로 자그마한 산창을 하나 더 냈다. 그것은 분명 달 뜨는 봄날 산창 밖으로 흐드러진 배꽃을 보기 위함이었으리라.

지붕은 단출한 맞배지붕에 기와를 올렸다. 모든 건축자재는 임도에서 일일이 지게로 져서 날랐지만, 특히 기와는 무게가 있어 져 나르는 데 애를 먹었다. 다른 일은 제쳐 두고 손 처사와 둘이서 꼬박 나흘에 걸쳐 져 올려야 했다. 기와 올리기가 얼마나 힘겨웠으면 그 억센 손 처사마저 몸살이 나고 말았다.

기와를 올린 다음 곧바로 집 내부 일로 이어졌다. 두 방은 모두 구들을 놓기로 했다. 그러나 인근에 구들 놓을 줄 아는 사람이 드물었다. 날씨는 추워지고 낭패였다. 수소문 끝에 겨우 흉내 정도 내는 일꾼이 올라왔다. 스님은 머리를 맞대고 우격다짐으로 구들 놓는 일을 시작했다. 문제는 아궁이와 굴뚝자리 배치. 아궁이는 뒤란 쪽에 있지만 집 구조상, 굴뚝을 몸채 정면 남쪽에 세울 수는 없었다. 부득이 굴뚝은 동창東窓 옆에다 둬야 했다. 그에 따라 자연 구들도 기역자로 굽은 고래가 되었다. 이것이 두고두고 골칫거리가 될 줄이야….

방은 모두 한지로 도배하고 바닥은 장판지를 깔아 들기름을 먹였다. 큰방 앞에는 〈풍외암風外菴〉*이란 자그마한 현판까

---

* 육잠 스님은 일본 에도시대 때 평생 바윗굴 속에서 은거하면서도 선화에 뛰어났던 풍외 선사(風外 禪師)를 동경하고 그 이름에서 따와 두곡산방 본채 당호를 〈풍외암〉으로 지었다.

정면에서 본 두곡산방 본채 풍외암. 육잠 스님이 청마루 양쪽 방 나란히 남으로
창을 낸 것은 '남으로 창을 내고 밭 갈고 김매겠다'던 옛 시인의 뜻과 다를 바 없다.

지 달았다. 스님은 이렇듯 서둘러 일을 잡도리한 끝에, 앞 계곡 물이 얼 즈음 첫 군불을 들일 수 있게 되었다. 그렇게 온 힘을 쏟아 지은 토굴 이력을 스님은 거두절미, 낙서처럼 꾹꾹 눌러 뒤란 아궁이 옆에다가 적어 둔 것이다.

토굴은 두 달 남짓 만에 완성되었다. 비록 토굴의 건축기간은 짧지만, 결코 단기간에 지어진 집으로 보이지는 않는다. 스님이 오랜 시간 궁리 끝에 세운 집이기에 자연과 더불어 조화를 이루고, 구석구석 세심한 손길의 흔적이 느껴진다. 그래서 하얀 회벽 친 토굴은 소박하면서도 단아함이 배어난다. 풍외암은 단청이나 풍경風聲이 없어도 그대로 청정도량이다.

두곡산방

풍외암을 중심으로 펼쳐진 육잠 스님의 토굴은 〈두곡산방〉
이다. 토굴의 성긴 사립문에는 두곡산방 당호^{堂號}가 걸려 있다.
당호는 멋 내지 않은 듯 멋을 낸 한글체로 새겼다. 여느 집 문패
만 하여 앙증스런 당호는 스님이 직접 만들어 달았다.

스님은 풍외암을 세운 이듬해 봄, 사립문을 달고 앞산 중턱
에 가서 황토를 한 소쿠리 캐왔다. 캐온 황토는 반죽하여 사각
형의 납작한 도판^{陶板}으로 만들었다. 그 도판에 꼬챙이로 두곡
산방 네 글자를 새기고, 군불아궁이 숯불 위에 올려 구웠다. 도
판의 음각 글씨에 먹물을 찍어 넣어 윤곽이 살아나도록 했다.
수더분한 당호는 두곡산방과 궁합이 꼭 맞는다.

처음 두곡산방을 방문하던 날, 댓돌을 오르며 스님한테 "역
시 두보^{杜甫}의 곡성^{哭聲}이 들릴 만한 곳입니다"라며 인사를 건
넸다. 산방을 데려간 찻집 주인이 두곡산방 당호는 '두보가 울

육잠 스님이 앞산에서 캐온 황토를 주물러
아궁이 숯불에 구워 만든 〈두곡산방〉 당호.
꾸밈없는 수더분한 글씨가 정겹게 느껴진다.

고 갈 만한 곳'이라는 의미에서 지은 것이라고 귀띔한 터라 그
렇게 말한 것이다. 스님은 "그건 말 짓기 좋아하는 사람들의 지
나친 소리일 뿐"이라며 두곡산방의 당호 내력을 들려줬다.

"붓글씨를 쓰기 시작하면서 당나라 시성詩聖 두보를 접하게
되고, 두보 시를 좋아하게 되었지요. 해서, 두보의 생애가 담긴
전기를 찾아 읽어 본 적이 있습니다. 두보는 결혼하고 얼마 후
잠시 집을 버리고 천하를 주유하러 길을 나서게 되지요. 몇 년
간 전국을 떠돌다가 집으로 돌아오게 되는데, 해가 뉘엿뉘엿
기울 무렵 두보는 사립문을 들어섭니다. 그때 남루한 모습의
어린 자식을 보게 되는데, 그 사이 아이는 훌쩍 커버려서 아버
지인 줄도 모르고 멀뚱히 쳐다만 보고 있더라는 겁니다. 가슴

44

아픈 부자상봉이지요. 그런데 그동안 아내와 아이들이 얼마나 고생을 했으면, 어린 아이들 몸을 가릴 옷이 없어 천으로 된 헌 벽지를 뜯어 옷으로 꿰매 입고 있더라는 겁니다. 그 모습을 본 두보는 아내와 아이들이 잠든 한밤중에 일어나 슬피 울게 됩니다. 집을 떠난 사이 고생한 아내와 아이들 생각에 눈물이 솟구친 게지요. 두보는 그런 애틋한 심성의 소유자였습니다. 그런 두보이기에 한 시대를 풍미한 대가였지만, 그 시절에도 한눈팔지 않고 그 부인과 평생을 해로했겠지요. 그 글을 읽고 참으로 가슴 먹먹했습니다. 지극하게 가족을 사랑한 두보의 인간적인 면모가 너무 감동적이었던 거지요. 그래서 가슴 한구석에는 늘 〈두보의 눈물〉이 남아 있었던 겁니다. 두곡산방은 그런 연유로 붙여진 당호입니다. 두보가 울고 갈 만한 곳이니 어쩌니 운운은 당치도 않은 소리지요."

두곡산방 벽에는 〈사두思杜〉라는 글이 붙어 있다. '두보를 생각하다'는 이 두 글자는 스님이 어느 추운 겨울밤에 썼다.

스님은 무를 뽑아 김장하고 나면 뜰 앞 창고 처마 밑에 무시래기를 걸어 놓는다. 시래기는 겨울 동안 말라 가면서 스님의 반찬이 되는 것이다. 눈보라가 몰아치는 어느 겨울밤 스님은 이불을 둘러쓰고 앉아 있었다. 한밤중, 바람이 불 때마다 처마 밑 무시래기가 쓸려 버스럭거리는 소리를 냈다. 스님은 방 안

〈사두〉, 81×35cm
눈보라가 몰아치는 어느 겨울밤, 처마 밑에 달아 둔 무시래기가 바람에
쓸리는 소리를 듣고 '저 소리는 두보의 가난이 깊어 가는 소리'라는 생각에 문득 쓴 글,
'두보를 생각하다' 〈사두〉. 그만큼 스님이 두보를 생각하는 마음은 남다르다.

에서 가만히 귀를 모으고 그것을 듣고 있자니, '저 소리는 가난이 깊어 가는 소리구나' 하는 생각이 들었다.

그러면서 두보의 겨울살림이 저절로 떠올랐다. 만년에 가족을 데리고 시골마을을 전전하며 떠돌이 생활을 한 두보의 옹색한 살림. 평생을 가난과 불운 속에 살았던 한 남자, 두보의 고독이 사무치게 와 닿는 것이었다. 스님은 그 처절한 삶 속에서도 〈북정〉이나 〈강촌〉, 〈빈교행〉과 같은 시를 남긴 두보를 깊이 동정하지 않을 수 없었다. 그렇게 어느 날 문득 쓰게 된 붓글씨가 '두보를 생각하다', 즉 〈사두〉다. 〈사두〉, 이 두 글자는 시래기가 바람에 쓸리는 소리에서 생겨난 '두보의 가난이 깊어 가는 소리'인 것이다.

그만큼 스님은 젊은 시절부터 따뜻한 심성의 두보를 좋아했다. 그 편애는 결국 두곡산방의 당호가 되고, 스님 문자향文字香의 원천이 되었다. 두곡산방 당호 속에는 두보의 빈한과 애상, 그리고 간절함이 배어난다. 그렇지만 두곡산방은 결코 애잔하지만은 않다. 차라리 그곳에는 두보를 생각하는 스님의 절절함으로 그윽한 시심詩心과 함께 안온한 인간미가 감돈다.

눈 속에 묻힌 두곡산방. 겨울 산속 시린 바람은 고요와 더불어 육잠 스님으로 하여금 시심에 젖게 한다.

찻물을 우리며

두곡산방을 방문하던 날. 사립문가의 인기척에 스님은 고추밭 이랑 속에서 고개를 내밀었다. 낡은 먹물 홑옷 차림의 스님은 호미를 든 채 엉거주춤 일어났다. 느닷없는 객의 방문에 깜짝 놀라면서도 꾸밈없는 웃음을 지었다. '사람들에게서 저런 웃음을 본 것이 언제였던가' 싶은 그런 맑은 웃음이었다. 스님은 흐르는 개울물에 손을 씻고 먹색 승복바지에 쓱쓱 문지르면서 산방 청마루에 오르기를 권했다.

청마루에서 엉거주춤 기다리는 동안 스님은 공양간에서 주전자에 물을 끓여 들고 왔다. 스님은 청마루 마루 구석의 먹색 천을 당겨 찻자리를 봤다. 차 살림이랬자 통나무를 이남박처럼 파낸 찻상에 손때 묻은 싸구려 다관 하나, 그리고 서로 짝이 맞지 않는 찻잔 다섯 개가 전부였다. 그 찻잔은 다기세트가 아니었다. 옛날 시골 부엌 찬장에서 흔히 보던 〈복福〉자가 새겨

스님의 조촐한 차 도구 중 하나인 '복(福)'자가 새겨진
왜 사기 종지에 담긴 냉이차가 화사한 연보랏빛을 머금고 있다.

진 왜(倭) 사기 간장종지. 굳이 찻자리 구색을 맞추고자 한 건 아
니었겠지만, 그 옆에는 엉겅퀴꽃 한 송이가 〈박카스 병〉 꽃병에
다소곳이 꽂혔다.

　　찻자리를 보고 난 스님은 일어나 방으로 들었다. 그러면서
객더러 방으로 들어와 보라고 했다. 방에는 은은한 향으로 가
득했다. 방 한쪽 벽에는 한지 봉지들이 가지런히 달려 있었다.
쑥차, 감국차, 칡꽃차, 구절초차, 냉이차, 찔레꽃차, 생강꽃차,
싸리순차, 인동꽃차…. 겉봉에 붓글씨로 적어 매달아 둔 여러

가지 차들이 방을 가득 채웠다. 마치 어릴 적 한약방에서 경험한 분위기와 향기가 비슷했다.

"나는 차를 이래 마십니다. 봄철 산에 있는 갖가지 연한 잎들을 따서 만들어 봤어요. 마시고 싶은 걸로 한번 골라 보시지요. 실은 이것을 백 가지 섞어서 달이면 백초차百草茶가 되지 않을까 싶네요. 백초차는 아닐지라도 몇 가지 골라서 한번 마셔 보시지요."

스님은 벽에 걸린 봉지 몇 개를 내려 조금씩 들어내면서 말했다.

"옛말에 소는 아프면 세 발자국마다 약이 되는 풀을 뜯어먹고 스스로 병을 고친다고 그래요. 그처럼 산에서 나는 것은 약 아닌 것이 없으니 차로 못 마실 것 또한 없겠지요. 그래서 나는 철철이 나는 것들을 소일거리로 뜯습니다. 그것을 모아 말리고 덖어서 재미삼아 차로 마시는 거지요."

스님은 찻주전자에서 찻물을 따랐다. 차는 보기 드물게 연한 보랏빛 같은 연두색으로 우러났다. 따르는 동안 냉이 냄새가 진하게 풍겼다.

"냉이차인가 봅니다."

"냉이로 차를 한번 만들어 봤지요. 초봄 냉이를 뿌리째 캐서 뜨거운 물에 살짝 데칩니다. 그런 후 한 사나흘 그늘에 바싹

고즈넉한 차실 분위기의 두곡산방 별채. 창 위에 붙은 글씨는 〈허백(虛白)〉.
'허백'은 '허실생백(虛室生白)'의 줄임말로, 《장자》의 "첨피결자(瞻彼闋者)
허실생백(虛室生白) 길상지지(吉祥止止)"에서 인용한 것이다. '텅 빈 방에 햇빛이
밝게 비치니 길상은 텅 빈 곳에 멈춘다', 즉 비어 있으니 밝게 빛난다는 뜻.

말려 밀봉하면 냉이 향을 음미하며 차로 즐길 수 있지요."

이번에는 몇 가지 차를 섞어 약간 뜨겁게 우려냈다. 흔히 절집에서 마시는 전통 녹차와는 거리가 멀다. 차는 고소하면서도 쌉쌀하고, 그러면서도 깊은 향이 목구멍 깊은 곳으로부터 올라오는 듯했다.

"스님, 향이 참 묘합니다."

스님은 겸연쩍어하면서 빙긋 웃으며 받았다.

"칡꽃하고, 싸리순이며, 인동꽃입니다. 이것들은 뜨거운 물에 소금을 풀어 담갔다가 말려 둡니다. 그냥 마실 만하지요?"

"스님, 이 차 맛은 세상 어디서도 맛볼 수 없는 참으로 묘한 맛입니다. 세상의 모든 맛과 향을 담았다고나 할까요. 참 귀한 맛인데도 딱히 무슨 맛이라고 표현할 수가 없습니다."

산야초 차 각각의 잎들이 지닌 맛과 향기를 분간해 낼 재간이 없다. 다만 그것들이 한데 어우러져 온몸의 세포를 자극하는 것을 느낄 뿐이었다.

두곡산방이 이렇듯 평안한 것은 아마도 제각각 것들이 스스로를 내세우지 않고 한데로 어우러져 우러나는 묘미 때문이 아닐까 싶다. 그것도 육잠 스님의 담박한 성정과 함께….

이렇듯 객이 찾은 두곡산방 그곳은 풀과 나무의 방향芳香으로 가득한 속俗이 끝나는 그 어디쯤일 것이다. 그곳은 야단스럽거나, 기름지거나, 소란스런 것들과는 맞지 않다.

    앞산 마주하고
    혼자 마셔도 좋고
    손님이 찾아와
    둘이 마시면 더욱 좋고
    파르스름한 연둣빛
    찻잔에 번지는
    이른 봄
    스님마을 냉이차*

---
* 임길택 유고집 《똥 누고 가는 새》 중 〈냉이차〉.

골청

고요한 가운데 육잠 스님과 청마루에서 찻잔을 기울였다. 햇살은 따스하여 아늑함이 온몸을 휘감았다. 편안함 가운데도 한 가지, 깔고 앉은 찻자리 끝에 마음이 쓰였다. 스님 솜씨가 분명할 것인데, 깔개 끝에는 앙상한 뼈대의 사람 형상 하나가 수놓여 있었다. 먹빛 무명천에 굵은 흰 무명실로 몇 땀을 떴을 뿐이다. 익살스러운 사람 형태의 자수刺繡는 도드라지면서 생경스러웠다.

'왜 하필이면 이런 형상을…. 마른 스님의 자화상인가?'

객이 궁금증에 갸웃거리는 것을 눈치챘나 보다. 스님은 방 안에서 누렇게 빛바랜 책 한 권을 꺼내 왔다.

風攪飛泉送冷聲　前峰月上竹窓明

老來殊覺山中好　死在巖根骨也淸

두곡산방을 찾은 지인의 유치원생 아들이 육잠 스님을 그렸다.
"사람은 죽어도 그대로다"라고 쓴 어린아이의 글이 많은 것을 생각하게 한다.
해광 스님은 육잠 스님의 법명.

바람이 폭포를 흩뿌려 차가운 소리를 보내 오고

앞산 봉우리 떠오른 달은 대나무 창을 밝히는데

늙어 가면서 더욱 실감하네, 산중생활이 좋다는 것을.

죽어서 바위 밑에 묻힌다면 뼈까지 맑아지리라.

"가마쿠라시대를 살았던 자쿠시츠* 란 선승禪僧이 읊은 시입

---

* 　자쿠시츠 겐코(寂室元光, 1290~1367): 14세기 일본의 선승.

니다. 자쿠시츠는 평생 바윗굴에서 홀로 살았다고 하지요. "청빈하게 살다 죽으면 바위 밑에 묻히더라도 뼈까지 맑아지리라"라는 이 구절, 이 얼마나 삼엄합니까. 이 선시를 읽으면 참으로 뼛속에서 피리소리가 들리는 듯한 그런 느낌이 들지요. 일본 근대철학의 아버지로 불리는 니시다 기타로* 교토대 철학교수도 이 시를 깊이 사모하였다고 합니다. 젊어서부터 선불교에 심취했던 니시다 교수는 자쿠시츠의 뜻에 매료되어 자기 서재를 〈골청굴骨淸窟〉이라 이름 짓고 현판을 써서 걸어 두었다더군요."

그러면서 스님은 덧붙였다.

"니시다 교수는 젊은 시절 죽은 자식을 화장하고 와서 남긴 편지글에서 '지금까지 사랑스레 이야기하고 놀던 아이가 갑자기 없어지고, 백골이 되어 한 줌 재로 남는다는 것은 대체 어떤 의미일까'라고 묻고 있습니다. 그는 자식의 죽음에 즈음하여 만물이 〈공空〉함을 처절하게 체득했겠지요. 그런 니시다 교수였으니까 자쿠시츠의 청빈을 깊이 사모한 것이 아닐까 싶어요.

---

* 니시다 기타로(西田幾多郞, 1870~1945): 일본 교토학파의 창시자로 불리는 근대철학자. 생전 다섯 명의 자식과 부인을 앞서 보내는 불우한 일생을 살면서 10년간의 선(禪) 수행을 통해 '견성'(見性) 인가를 받았다. 경전이나 좌선을 통한 구도보다는 밭을 일구고 가축을 기르는 등 일상 속의 묘용(妙用)을 도의 경지로 승화시킨 사람이기도 하다.

〈골청〉, 104×34cm
'청빈하게 살다가 죽으면 바위 밑에 묻히더라도 뼈까지 맑아지리라'는 뜻을 담은 두 글자.

절집에서는 청빈을 탐욕의 대척에 두는데, 탐욕은 집착하는 데
서 오고 집착하는 데서 고액苦厄이 온다고 하지요. 일체의 집착
과 탐욕을 끊음으로써 비로소 무애자재無礙自在를 얻을 수 있다
고 합니다. 그러니 해탈解脫은 청빈을 기꺼운 마음으로 받아들
여야 가능한 것이겠지요?"

　해골의 뼈조차 맑아지기를 염원하는 〈골청〉. 본디 삶이란
시작도 없고 끝도 없어, 형체도 없고 실체도 없는 공한 것. 굳이
집착할 것이 무엇이겠는가. 한 뜸의 바느질, 앙상한 형해形骸는
자족하며 맑은 삶을 살겠다는 단단한 새김인 것이다. 스님 이
야기를 듣는 동안 객의 눈길은 부끄러움에 자꾸 마룻바닥으로
향했다.

　두곡산방을 뒤로 하고 나오는 길, 알 수 없는 감동과 청신함
이 가슴 가득했다.

두곡산방에서 돌아온 며칠 후 뜻하지 않은 편지 한 통이 배달되었다. 단아한 한지 봉투에 붓글씨로 주소를 쓴 제법 두툼한 편지였다. 봉투 안에는 비 오는 날 산중 소식과 함께 한지에 쓴 붓글씨 한 장이 들어 있었다.

〈골청骨淸〉. 꾸밈없는 묵적은 듬직한 글씨로 먹을 찍어 누른 듯 박혀 있었다. 말미에 "이 글자 두 자를 공양한다"고 낙관해 놓았다.

'이 얼마나 두려운 두 글자인가!' 기쁨보다는 등줄기가 서늘했다. 분에 넘치는 선물인 것이다. 앞에 놓인 붓글씨에 넋을 놓고 있으려니 퍼뜩 한 생각이 떠올랐다. 이 글은 뼈까지 맑아지도록 치열하게 살라는 스님의 화두話頭임을 깨닫게 된 것이다.

〈골청〉 두 글자는 없으면 없는 대로, 모자라면 모자라는 대로 맑게 살라는 죽비소리다.

지게도인

육잠 스님의 호號는 여럿이다.

1982년 속리산 복천선원으로 출가해 받은 법명은 해광海光이지만 아호로는 육잠을 쓰고, 별호로는 육잠농납六岑農衲, 북천야납北天野衲, 화하오수산객花下午睡山客, 지게도인, 설표雪豹, 표락자瓢樂子 등을 쓴다. 그 가운데도 스님은 지게도인과 육잠농납을 자주 쓴다.

특히 요즘은 지게도인을 즐겨 쓴다. 스님은 지게에 관한 한 일가를 이루었다고 자부하기에 이 별호에 애착을 갖는 것이다.

내 사는 곳이 산이 깊어 이른 봄이면 어린 머위 순을 뜯어 밥을 싸먹고, 겨울이면 눈길을 더듬어 나무를 하며 지게 목발을 두드린다.

스님은 이것이 내 '산거山居의 자연스런 주변'이라고 쓴 글이다. 그만큼 스님의 지게 사랑은 각별하다. 스님은 농촌에서 자랐고, 어릴 때부터 농사를 지어 지게질 하나는 자신 있다고 했다. 30여 년을 가까이 한 지게가 분신이라고까지 말한다. 그렇기 때문에 스님의 산중생활은 당연히 지게에서부터 시작된다.

"예전에 시골서는 지게가 사람과 한 몸이나 다름없었지요. 여름철 들판을 가더라도 지게를 지고 가서 풋꼴을 한 짐 베어 오고, 겨울철에는 밥만 먹으면 산에 올라 땔나무를 했으니 아예 지게를 등짝에 붙이고 살았지요. 그러니 죽거나 농사일을 작파하지 않은 다음에야 농사꾼은 지게를 벗지 못하지요. 어린 시절 동무 중에 농사일이 싫어서 무작정 가출한 친구가 있었지요. 나무하러 간다고 집을 나서서 지게를 나뭇가지에 걸어 놓고 그 길로 큰 도시로 나가 버렸어요. 그렇게 나무에 지게를 걸어 놓고 가면 농사를 손 놓는다는 말이 되는 거지요. 가출하면 모두 그러더라고요. 나중에 동네 머슴 한 사람도 지게를 나무에 걸어 놓고 온다간다 말도 없이 가버리데요. 그만큼 농촌에서는 지게가 곧 농사고 생활인 것이지요."

"스님도 절집 올 때 나무에 지게 걸어 두고 오셨겠네요?"

"나는 가출이 아니라 출가를 했으니 지게를 그대로 지고 나온 셈이 되겠지요, 허허."

스님은 희미하게 웃으며 지게에 얽힌 일화를 들려 준다.

두곡산방 버덩에 세워 둔 스님의 지게 한 쌍.
스님에게 있어 지게는 요긴한 농구(農具)이기도 하지만, '농사꾼'으로서의 자부심이며,
문명을 거부하는 수행자의 상징이기도 하다.

"한때 팔공산 진불암에 삼봉 스님이라는 숨은 도인이 있다는 소식을 듣고 찾아갔지요. 그런데 유별난 것은 암자 뒤켠 흙벽에 지게 세 개가 나란히 걸려 있어요. 지게 세 개는 하나같이 명물이라 그렇게 참할 수가 없었어요. 나중에 알고 보니 삼봉 스님은 원래 목수 출신으로, 산에서 직접 나무를 베어 와 산신각山神閣을 지을 정도로 솜씨가 빼어났어요. 그만한 손재주니 그런 명품이 나왔겠지요. 지게는 겉으로 보기는 간단해 보이지만 쉽지가 않아요. 우선, 지게는 음양이 있다고들 해요. 지게를 만들 때 한쪽은 양지, 한쪽은 음지에서 자란 나무로 짝을 맞춰야 모양이 반듯해져요. 물론 양쪽 지게 가지는 비슷한 크기여야 하는데, 그렇게 짝맞은 것을 만나기가 말처럼 쉽지 않아요. 지게는 반드시 소나무로 만들어야 가벼우면서도 탄탄해요. 잡목은 무겁고 잘 썩어서 못써요. 그러니 소나무로 짝 맞춰 구하기가 쉽지 않겠지요. 가다오다가 지게 가지로 쓸 만한 적당한 소나무를 만나면 베어다가 껍질을 깎아서 1년은 그늘에서 말립니다. 그렇게 말린 것으로 짝을 맞춰 만들어야 지게가 야물어요."

"요즘은 농가에서도 나무지게를 만들어 쓰는 사람은 드물지요?"

"마을에 가보면 대부분 농가에서 알루미늄으로 만든 지게를 쓰지요. 그런데 그건 한번 져보니까 등짝에 붙지 않아 영 아니더만…. 농사하는 맛이 없어요. 볏짚으로 도톰하게 엮어 댄 지게 등대가 등짝에 착 달라붙어야 짐을 졌을 때 배기지 않지요. 그 느낌은 농사를 짓고, 지게를 져보지 않은 사람은 몰라요. 그래서 옳은 농사꾼은 참한 지게를 보면 욕심을 내지요. 그렇게 내 손으로 만들어 전라도 무주로, 충청도 보령으로 지인들한테 시집보낸 지게가 아마 서넛은 될 겁니다."

지게도인의 지게 예찬. 그것은 생의 짐만큼은 스스로 짊어져야 한다는 〈지게 철학〉이기도 한 것이다. 스스로 일용할 먹거리는 스스로 감당해야 한다는 생각, 이것은 곧 '농사짓는 중', 즉 농납農衲의 밑바탕이기도 한 것이다.

더불어, 스님에게 지게는 〈느림의 미학〉을 실천하는 방편의 하나이기도 하다.

"지게질 할 때는 묵묵히 발끝만 보고 그림자를 밟으며 걷지요. 고개를 치켜들고 '어디까지 왔나', '얼마나 남았나' 하고 조바심을 내면 힘이 들어 지게질을 못 해요. 그냥 푹신한 등대에 등을 붙이고 그 느낌을 온몸으로 받아들이며, 한 발 한 발 앞만 보며 걷는 거지요. 그것이 〈지게질의 숙명〉쯤 되겠지요. 그러다 짐이 한쪽으로 기울면 기우는 대로, 지게작대기를 팔짱 사이에다 끼워 받치고 그냥 묵묵히 걷는 거지요. 우리가 사는 것

역시 지게질과 마찬가지로 뭐 그리 대단한 곳으로 갈 데가 있겠어요. 설령 뜻한 곳에 다다른다고 해도 또 다른 짐을 지고 나서야 하겠지요. 그것이 곧 노동의 실체이기도 하고, 이승을 사는 생의 모습이기도 할 터이지요."

스님이 조그만 절이나마 주지 자리를 벗어 버리고 일찌감치 농사를 짓고자 나선 것은 이처럼 〈지게 철학〉에 뜻을 두었기 때문이다. 바로 스스로 먹거리를 해결하며, 그 어디에도 얽매이지 않으면서 자연에 순응하는 삶을 살고자 한 것이다. 내가 소용하는 만큼의 농사를 짓고, 내가 수확한 만큼 그 안에서 만족하는 삶. 그로 인하여 마음은 번거롭지 않고 일상은 소박하게 꾸리는 것. 그 속에서 대大자유인의 모습을 찾는 것이다.

스님은 쌀을 제외한 모든 먹거리를 손수 가꾸어 일용한다. 초봄이면 묻어 두었던 씨감자를 쪼개 재를 묻혀 싹을 틔우고, 마루 끝에 달린 옥수수를 까서 물에 불려 파종한다. 늦가을이면 마른 고추 대궁이를 뽑고, 노랗게 알이 밴 김장배추를 거둬들인다.

스님이 괭이로 흙을 파서 작물을 심고 또 거둬들이는 것은 다만 먹거리를 마련하기 위한 것만은 아니다. 거기에는 수확보다 더 큰 의미, 땅과의 약속이 담겨 있다. 스스로 움직여 땅의 기운과 하늘의 조화에 순응하는 것. 그로 말미암아 대자연의

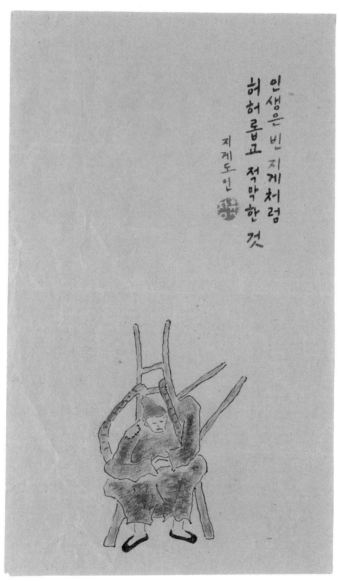

인생은 빈 지게처럼
허허롭고 적막한 것

지게도인

22×37cm

순환에 몸을 싣는 것. 자연과의 약속에 따라 자라서 영글고, 그것으로 생을 확인하는 것. 그것이 스님의 농사이다. 그래서 스님의 농사는 비단 밭을 경작하는 것만이 아니라 마음자리를 가꾸는 일이기도 하다. 이것이 스님이 지게와 더불어 애써 농사 짓는 이유이다.

한번은 콩대를 꺾어 지게로 져 나르는 스님이 힘이 쓰여 한마디 던졌다.

"요 정도 콩밭 한 뙈기 타작은 큰 기계로 하면 10분도 안 걸릴 텐데…"

"그렇겠지요. 그러나 편함과 불편함의 분별심에 얽매이지 않는 것이 수행자의 삶입니다. 이것 또한 기계의 일이 아닌 나의 일이기도 하지요. 나는 이렇게 일하는 가운데 보람을 느끼고, 성취감도 맛보고, 그러면서 살아 있음을 확인하는 거랍니다. 내가 살아가는 데는 그다지 많은 것이 필요하지 않으니, 나는 장사가 아닌 농사를 할 따름이지요. 〈막문수확 단문경운莫問收穫 但問耕耘〉*이라고, 수확은 묻지 않고 다만 밭 갈고 김매는 일만 묻는다고 했지요. 그러니 굳이 잃음과 얻음을 따질 이유가

---

* 청나라 말기 태평천국의 난을 평정한 군사가, 정치가이자 뛰어난 문필가였던 증국번(曾國藩)이 한 말이다.

두곡산방 청마루 끝에 달린
석유 호롱. 옆에는 씨앗 강냉이,
처마 끝에는 치자가 달려 있다.

없겠지요."

두곡산방에는 저울이며 됫박, 그리고 자ℝ가 없다. '김매고
등짐 져서 얻을 뿐' 굳이 달고 재고 할 것이 없는 것이다.

소용할 만큼만 뿌리고 영그는 만큼 거둬들이는 것, 그러는
가운데 홀로 즐거워하는 것이 스님의 농사다. 두곡산방 뒤란
장작더미 앞에는 언제나 지게 두 개가 나란히 엎디어 있다. 육
잠 스님의 별호는 지게도인이다.

생멸이 함께하는 곳

일찍이 육조六祖 혜능慧能은 말했다.

"바라밀은 깨달음의 언덕에 도달한다는 뜻으로 부처를 이른다는 말이다. 이는 곧 생生과 멸滅을 떠나는 것이다. 대상에 집착하면 생멸이 일어나 중생의 삶이 되고, 대상을 떠나면 생멸이 없어져 부처의 삶이 된다."

생멸, 극단의 두 풍경을 한곳에서 보는 것은 쉽지 않다. 두곡산방에는 생과 멸, 양극이 나란하다. 이곳에서는 살아나는 것들의 생동과 더불어 소멸해 가는 것들의 쇠락을 적나라하게 볼 수 있다. 계절 따라 바뀌는 두곡산방의 풍경이 그러하다.

봄의 두곡산방은 단연 앞개울 물소리로부터 시작된다. 굽이치다 멈추기를 반복하면서 이어지는 앞개울. 봄눈이 녹고 얼음이 풀리기 시작하면 도란도란 대지를 깨우기 시작한다. 그 봄의 생동 앞에 두곡산방이 있다. 앞개울 물소리에 호응하듯,

봄이 들면서 두곡산방 앞개울 물이 소리 내 흐르기 시작하면 작은 나무다리 건너편에는 푸른 이끼가 양탄자처럼 깔려 계절의 생동감을 더해 준다.

봄날 아침 산방 나무굴뚝에서 솔솔 피어오르는 연기를 보면 생의 환희가 절로 느껴진다. 산방은 그 단정한 자태만으로도 충만한 기운을 내뿜고 있는 것이다.

불교 경전 《천수경》 〈도량찬〉에 그런 경구가 있다. "도량청정무하예道場淸淨無瑕穢, 삼보천룡강차지三寶天龍降此地." '온 도량이 깨끗하여 더러운 것이 없어야 비로소 불·법·승 삼보와 신장님들이 그 청정한 자리에 나투신다'는 뜻이다. 이로써 법法이 머

69

무는 도량이라면 청정함은 더 이상 말할 바가 못 되는 것이다.

산방의 창고만 해도 그렇다. 사방 제재한 널빤지를 가로질러 잇대고 못질하여 나지막하게 외쪽 양철지붕을 이었다. 산중의 한 채 통나무집을 보는 듯하다. 그 창고 양옆 벽에는 괭이며 호미, 낫, 쇠스랑 따위의 농기구를 나란히 걸어 놓았다. 잘 벼려진 농기구들은 산중생활 자세와 왕성한 노동의 열정을 알려 준다. 이로써 두곡산방 봄은 삶의 생기로 가득하다.

여름철이면 이런 노동의 발자국들로 스님의 텃밭은 왕성하다. 상치며 아욱, 쑥갓, 토란, 고추, 옥수수, 감자 따위가 서로 이웃하여 자라는 것이다. 농약을 치지 않는 텃밭에는 녹색 이끼가 양탄자처럼 자부룩하고, 푸성귀들은 약이 올라 탱글탱글하다. 이른 아침, 이슬 맺힌 텃밭 푸성귀에게서는 와글대는 생명의 아우성이 들린다.

지난겨울, 나는 동네에 있는 흙으로 지은 빈집 한 채를 어두워질 무렵 틈만 나면 멀리서 물끄러미 바라본 적이 있다. 그 집은 이 동네가 번성할 때 마을 사람들이 담배 농사를 지어 공동으로 담뱃잎을 구워 내던 집이었다. 하루 종일 바람이 세차게 몰아쳤다. 군불이 들지 않아 방안은 냉랭했고 해 질 무렵까지 문풍지를 때리는 바람소리에 온통 정신을 빼앗기고 있었다. 그리고 담배막 앞에서 어둠을 적시며 서성거렸다. 어둑어둑한 적막 속에 고불古佛처럼 우뚝 서 있는 빈집.*

언덕 위 단정하게 앉은 두곡산방이 생성과 활력의 상징이라면, 마른 잡초 속에 허물어져 가는 담배막은 퇴락과 허무의 표징標徵이다. 오랜 세월 비에 씻긴 담배막 흙벽에 비치는 겨울 햇살을 보자면 그 허무와 무상함에 몸서리치게 될 것이다.

2층집 높이의 담배막은 순전히 흙벽돌로 쌓아 올렸다. 담배막은 오랜 세월 비바람에 씻겨 흙벽은 거친 돌조각들이 숭숭 드러나 있고, 마치 여치집마냥 심하게 뒤틀려 금방이라도 무너질 듯하다. 갈탄 연기를 내뿜으며, 기세 좋게 잎담배를 말렸을 한때의 모습을 상상하기는 쉽지 않다. 담배막은 마를 대로 말라 백골로 육탈肉脫했다. 이젠 쓸모가 없어져 세상에서 버려졌고, 사람들 눈으로부터 외면당하고 있다. 겨울날 찬바람에 쓸리는 그런 담배막을 보는 것만으로도 절로 쓸쓸해지는 것이다.

또 하나 쇠락으로는, 텃밭을 마주하고 있는 가을 외양간 풍경이 그렇다. 텃밭을 마주한 앞쪽 개울 건너 산기슭에는 뼈대

---

* 2010년 서울 관훈동에서 열린 육잠 스님의 두 번째 〈생명불식〉 서화전 도록 〈사족〉(蛇足)에 실린 글.

마을 대로 말라 백골로 남은 담배막에 겨울 찬바람이 몰아치면
그 퇴락한 모습에 비애감이 절로 밀려든다.

만 남은 건물이 한 채 있다. 옛날 소를 키운 외양간이다. 함석지
붕은 삭아서 이미 바스러지고, 기둥은 틀어져 기우뚱하다. 군
데군데 무너진 흙담도 하얗게 빛바랜 채 철저히 무기질화한 모
습이다. 늦가을 빈 외양간에는 철 지난 허수아비만이 을씨년스
레 담벼락에 기대 서 있다. 생명의 온기라고는 찾아볼 수 없다.
가을날 석양이 빈 외양간을 엇비껴 들기라도 하면 가슴 속에는
스산한 한 줄기 허무가 절로 스미는 것이다.

　육잠 스님은 말한다.

　"불가佛家에서뿐만 아니라 속가俗家에서도 흔히들 '무상無常

하다, 인생무상이다'라는 말을 많이 합니다. 이때 우리는 '허망하다, 별 의미가 없다'고 생각하는데, '무상'은 굳이 그런 의미만은 아닐 겁니다. 살아 있는 모든 것은 끝내 멸하고, 그 흩어진 멸은 다시 모여 생을 이루므로 모든 것은 '같지 않아 변한다'는 것이 맞겠지요. 수행자로 산다는 것은 생과 멸, 바로 그 변화를 예비하고 지켜보는 것에 다름 아닐 것입니다."

《반야심경》은 이렇게 시작한다. "관자재보살 행심반야바라밀다시 조견오온개공 도일체고액." 관자재보살이 반야의 지혜를 완성하기 위해 깊이 수행하고 있을 때, 오온五蘊*이 '공空'하다는 것을 깨닫고 모든 괴로움을 극복했다는 것이다. 이 명멸해 가는 것들을 보면 《반야심경》 첫머리가 절로 떠오르는 것은 우연이 아닐 것이다.

두곡산방은 이렇듯 생과 멸이 나란한 곳이다. 하기야, 땅에 어찌 명멸이 있겠는가. 다만 그 땅 위의 한 시절로 인해 때로 흥興하기도 하고, 때로 쇠衰하기도 할 뿐….

---

* 오온은 인간을 구성하는 다섯 가지 요소로, 정신적 요소인 수(受), 상(想), 행(行), 식(識) 사온에 물질적 요소인 색온(色蘊)을 포함한 개인 존재의 개념이다.

돌담

두곡산방의 경물을 말하면서 돌담을 빼놓을 수는 없다. 웬만한 것에 감동할 줄 모르는 사람이라도 덕동 골짜기를 들어서면, 돌담이 주는 정겨움에 어느덧 마음 따사로워질 것이다.

덕동의 돌담은 마을 입구 손 처사네 집을 지나면서 시작된다. 막돌로 쌓은 담은 개울의 흐름을 따라 담배막을 한 바퀴 두르고, 두곡산방 사립문을 지나 스님의 텃밭으로 굽이져 이어진다. 어른 가슴을 가릴 정도의 나지막한 돌담은 푸른 이끼가 두텁게 덮여 있다. 돌담에 낀 청태靑苔는 계곡의 물안개를 머금어 사시장철 청정한 기운을 내뿜는다. 이로써 덕동이 가히 만만찮은 곳임을 알게 되는 것이다.

어디 돌담의 정경이 비단 이끼뿐이겠는가. 돌담 아래는 봄이면 민들레가, 여름이면 붓꽃이, 가을이면 쑥부쟁이가 말없이 피고 진다. 돌담이 꽃들과 어우러져 빚어내는 풍경은 결코 소

덕동의 명물 돌담은 집터를 고르고 산간 밭을 일구는 중에 나온 것들을
쌓아올린 것이다. 그러나 태풍 〈매미〉 때는 두곡산방 뜰이 절반까지 쓸려 나가
돌담이 흔적도 없이 사라져 버렸다.

소하다고 할 수 없다.

스님의 산밭은 온통 돌투성이다. 산비탈 밭은 알곡만 자라
는 것이 아니라 돌도 함께 자란다. 세월이 흐르고 계절이 바뀌
면서 빗물에 흙이 씻긴 자리에 돌들도 자라는 것이다. 특히 초
봄에 밭갈이를 하다 보면, 지난 가을걷이 때는 보이지 않던 돌
덩이가 이마를 내밀곤 한다. 그럴라 치면 스님은 괭이 끝에 걸
리는 돌들을 캐내 밭둑가 돌담에 올려 두는 것이다. 두곡산방
의 돌담은 모두 그렇게 쌓인 세월의 더께인 것이다.

봄을 맞은 덕동마을 고샅길 돌담 아래 개고사리, 화살나무가 새싹을 틔우고 있다.

그렇다고 덕동의 돌담이 한결같이 세월의 연륜을 쌓아올린 것만은 아니다. 한 차례 큰 수난水難을 당하기도 했다. 2003년 태풍 〈매미〉가 왔을 때 두곡산방뿐만 아니라 덕동마을 전체가 완전 폐허로 변했다. 계곡물이 쏟아져 돌담뿐만 아니라 산방의 앞마당 절반이 쓸려 내려가 버렸다. 풍외암은 하루아침에 절벽 위의 정자가 되어 버린 것이다. 스님에게는 참으로 암담한 시절이었다.

"옛 선사의 게송偈頌 가운데 그런 게 있지요. '천길 봉우리에 초옥 한 칸, 노승이 반 칸을 차지하고 구름이 반 칸을 베고 누웠구나. 그런데 간밤 구름이 휘몰고 간 풍우의 급박함으로 끝

내 노승의 한가로움과는 서로 어긋나고 말았구나'* 라는 것이
지요. 옛 선사한테는 어떤 '풍우'가 몰아쳤는지 모르겠지만, 여
기는 한가로움과 어긋난 정도가 아니었지요. 토굴 축담 앞까지
개울이 되어 물이 쏟아지던 그때는 정말 얼마나 처참하던지….
모든 걸 내던지고 떠나 버리고 싶더라고요."

그러나 스님은 떠나지 못했다. 대신 복구를 위해 팔을 걷어
붙였다. 태풍 피해조사를 나온 군청 공무원이 중장비를 지원해
주겠다고 했다. 스님은 한마디로 거절했다. 만일 중장비가 들
어와 땅을 파 뒤집고 시멘트를 바르게 되면 계곡은 곧바로 죽
어 버린다는 것을 너무나 잘 알기 때문이다.

스님은 떠내려간 돌을 건져 올리고, 흙 속에 묻힌 바위를 파
냈다. 바위는 아래쪽으로, 돌은 위쪽으로 제자리에 앉혀 나갔
다. 〈두곡산방 수해복구〉라고 광목천에 크게 써서 걸어 두고 하
루 수백 개의 돌을 들고, 져다 날랐다. 혼자서 돌을 쌓는 수해복
구는 외롭고 힘든 일이었다. 산방으로 오는 길이 태풍에 끊긴
탓도 있겠지만, 누구 한 사람 들여다보고 안부를 물어 주는 이
가 없었다. 워낙 심하게 힘을 써 손목 인대가 늘어나 찌익 찌

---

* 千峯頂上一樓閣 老僧半間雲半間 昨夜雲隨風雨去 到頭不似老僧閑.
임제종의 한 유파인 황룡종 지지 선사의 게송.

익 소리가 났다. 이때 혼자서 무거운 돌을 나르면서 무리한 노동은 고질병으로 굳어 버렸다. 나중에는 숟가락을 들기 어려울 정도로 어깨 회전근육이 파열되었다. 결국 수술을 받아야 했다.

"그때 사람들이 원망스럽기도 하고, 그립기도 했어요. 아마 임길택 선생*이 살아 있었으면 틀림없이 한번 들여다봤을 거라는 생각이 들기도 하고요. 고통의 무게만큼이나 임 선생이 그리워지더군요. 그렇게 생각이 미치고 보니까 임길택 선생 장례식이 절로 생각이 났어요. 나도 모르게 눈물이 흐르면서 입 안에서 어떤 노래 가락이 자꾸 맴돌아요. 영결식 때 임 선생이 활동하던 동인지 회원이 노래를 불렀는데, 그 노래가 절절하여 너무 감동적이었다는 생각이 들었어요. 그런데 그 노랫가락은 어렴풋이 기억이 나는데, 도무지 가사가 생각이 나지 않는 거예요. 지친 몸을 잠시 쉬면서 동인지 편집부 앞으로 편지를 썼지요. 그 동인지가 《한국글쓰기연구회》였는데, 나중에는 그 회원들 중 일부가 다시 《글과 그림》이란 동인지를 펴내게 됩니다. 하여튼 얼마간 시간이 지난 후 답장이 와서 그 노래가 〈꽃다지〉라는 노래인 걸 알았지요. 그 노래가 계기가 되어 《글과

* 임길택 선생: 212쪽 글 〈스님과 시인〉 참고.

그림》과도 인연을 맺게 되었어요. 해서, 오늘날까지 동인지에 매호 글 한 편씩을 보내고 있지요. 그렇게 스스로 힘을 북돋워 가며 쌓은 것이 덕동 돌담입니다."

"《글과 그림》과의 인연은 말 그대로 '태풍 속에 핀 꽃'이지만, 지금은 매호 스님 글을 손글씨 그대로 싣고 있으니, 귀한 인연이 되었다고 해야겠군요?"

"나중 이야기이지만 그렇지요. 당시를 회상해 보면, 지쳐 나가떨어져 산방을 포기하고 떠나 버릴까 하는 그 순간에 〈꽃다지〉 노랫말이 내게 적잖은 용기가 되었으니, 임 선생의 영혼이 나를 붙들어 앉힌 거지요. 이 돌담들은 그렇게 임 선생의 원력으로 쌓였다고 해도 빈말이 아니겠지요."

스님은 그렇게 힘겨운 시간에 그리운 사람을 그리며 조금씩 배밀이 하듯 돌담을 쌓아 나갔다. 각진 돌은 각진 대로, 틀어진 것은 틀어진 것끼리 아귀를 맞췄다. 속돌은 안쪽으로 넣고, 이끼가 앉은 겉돌은 밖으로 들어내 하나하나 다시 쌓아 나간 것이다.

그런 힘든 시간 속에서도 작은 즐거움도 있었다. 돌을 아귀 맞춰 이리저리 돌리다 보니 무슨 형상과도 같았다. 스님은 돌을 흐르는 물에 씻어 너럭바위에 앉혔다. 두루뭉술한 돌은 사람 몸통과 흡사했다. 그것 위에 얼굴 형상 돌을 하나 올리면 모양이 갖춰질 것 같았다. 스님은 돌을 들고 만질 때마다 모양을 살폈다. 그러다 어느 날 맞춤한 돌 하나를 흙더미에서 캐냈다. 그것을 몸통 위에 올리니 마치 고불古佛과 같은 인물상이 되었다. 스님은 고불을 청마루에 단을 만들어 모셨다.

대공사는 6개월이 지나서야 끝이 났다. 돌담을 그렇게 감쪽같이 쌓아 놓고 나니까, 나중에 두곡산방을 들른 사람 그 누구도 그토록 큰 수해가 났다는 걸 상상하지 못했다.

스님은 돌에도 생명이 있는 것은 아닐까 생각한다. 젊은 시

스님이 작업 중 캐낸 고불 모습의 석상.
평평한 바위 위에 노스님과 말썽꾸러기 상좌가 나란히 앉아 있다.

절 전남 진도에 있는 남농南農 허건許楗 선생 기념관을 간 적이 있다. 남농 선생은 생전에 수석을 좋아하여 수집한 것들을 기념관 한 칸에 전시해 두고 있었다. 스님은 그곳에 전시된 인물석 가운데 하나가 남농 선생 자화상과 흡사한 모습에 너무 놀랐다. 그 뒤로 스님은 돌에도 생명이 있는 게 아닐까 생각한다. 그래서 돌을 귀하게 여기고, 돌을 볼 때마다 그 형상을 유심히 관찰한다. 그런 '돌 사랑'이 있었기에 폐허의 덕동을 전과 다름없이 복원할 수 있었을 것이다.

옛사람들은 돌은 땅의 뼈라고 했다. 돌로 인하여 땅의 기운이 맺히기도 하고 풀어지기도 한다. 또 탐미耽美의 종착점이 돌이라고도 했다. 두곡산방은 돌이 빚어낸 화원이다. 스님의 유별난 '돌 사랑'이 두곡산방 명물, 돌담을 탄생시킨 것이다.

두곡산방의 돌과 바위에 스민 소담스러움을 안다면 그는 미美를 좀 아는 사람일 터이다. 두곡산방 돌담은 〈꽃다지 담〉이다.

산방 옥수

溪聲便是長廣舌　山色豈非淸淨身
계곡물 소리가 곧 부처님 법문인데
산 빛인들 어찌 청정법신이 아니랴.

소동파는 〈계성산색溪聲山色〉 시에서 이렇게 노래했다. 두곡
산방은 산중에 있고, 앞으로는 개울이 흐른다. 그곳은 산 빛이
맑아 청정심이 감돌고, 옥수玉水가 흘러 법문이 머무는 곳이다.
　두곡산방이 승가僧家의 도량이라면, 앞개울 물은 감로수甘露
水가 틀림없다. 육잠 스님은 자주 말한다. 앞개울은 수만 값으로
도 말할 수 없는 산방 보물이라고. 아마도 앞개울 감로수가 없
었으면 덕동마을도, 두곡산방도 애초 자리하지 못했을 것이다.
　앞개울 물은 가뭄에도 마르는 법이 없이 사철 소리 내어 흐
른다. 산골 덕동에 계절을 알리는 청음초聽音哨 노릇을 톡톡히

하는 것이다. 초봄, 눈 녹은 계곡물이 돌돌거리는 소리가 청마루까지 들리면 곧 생강나무꽃이 필 것을 안다. 가을이 들면서 계곡에 물안개가 피어오르고 물소리가 잦아들면 머잖아 서리가 내린다는 신호이다. 만물이 얼어붙은 겨울철에도 계곡물은 얼음장 아래로 쿨럭쿨럭 소리 내며 흘러, 언젠가 대지는 눈을 뜰 것이라며 용기를 북돋운다.

차고 맑은 앞개울 물은 여름철이면 그 진가를 보여 준다. 하루는 객이 막 산방에 도착했을 때였다. 흐르는 땀을 닦으며, 덥다고 수선을 피웠다. 스님은 개울에 가서 발이나 씻으라면서 수건을 건네줬다. 홀랑 벗고 주저앉고 싶은 유혹을 참고 바지를 걷고 물에 발을 담갔다. 발을 담그자마자 얼음같이 찬 기운이, 고압 전류마냥 찌릿하면서, 발끝에서부터 머리끝까지 순식간에 타고 올랐다. 깜짝 놀라 후다닥 물 밖으로 뛰쳐나올 수밖에 없었다.

이곳 계곡물이 한여름에도 얼음물인 것은 뒷산에서 급경사 계곡을 타고 내려오는 동안 컴컴한 숲 그늘에 가려 한 번도 햇빛을 보지 못한 채 흐르기 때문이라고 스님은 일러 줬다.

산방 몸채 축담 끝에는 수곽水廓이 있다. 커다란 바위에 잇댄 수곽의 수도는 꼭지만 틀면 맑은 물이 쏟아진다. 물이야 앞개울에 사시사철 콸콸 흘러넘치지만 일일이 길어 나르기는 여간 힘든 일이 아니다. 특히 겨울철에는 물이 얼어붙기라도 하

여름날 수도산 정상에서 발원한 앞개울 물이 냉기를 흩뿌리며 힘차게 흘러내리고 있다.

면 낭패다. 그래서 스님은 산중턱 작은 소沼를 수원지 삼아 상
수도를 만들었다. 수도관은 개울을 따라 땅을 한 자 반 남짓 판
후 묻었다. 수돗물은 여과장치도, 소독과정도 거치지 않는다.
자연 그대로의 계곡물은 별다른 가압시설 없이 경사지를 따라
내려오면서 쏼쏼 쏟아져 내린다. 수돗물은 더없이 차고 달아
사람들은 약수로 마신다. 요즘 세상 수도꼭지 입 대고 벌컥벌
컥 마실 물이 어디 흔한가. 달리 옥수가 아니다.

　　앞개울 옥수가 비단 식수로 쓰이기만 하겠는가. 산방에서
는 이 물로 무, 배추를 기르고, 고추와 오이를 씻기도 한다. 뿐

만 아니라 전기가 들지 않는 이곳에서는 여름 내 김치나 반찬거리를 담가 두는 냉장고가 되기도 하는 것이다.

옛사람들은 조수朝水*를 말하는 것은 '물 넘어 물을 논하는 것'이라 했다. 물과 사람의 상관을 말하는 것은 곧 지맥地脈을 이름으로, 그에 따라 '산 땅'과 '죽은 땅'으로 나뉜다는 것이다. "무릇 물이 없는 곳은 사람이 살 만한 곳이 못 된다. 산에는 반드시 물이 있어야 한다. 물과 짝을 이룬 다음이라야 바야흐로 생성의 묘妙를 다할 수 있다." 옛사람은 《택리지》〈지리편〉에 적어 두었다.

산방 앞개울 물은 해발고지 1,340미터의 수도산 단지봉에서 억새풀과 싸리나무 가지를 타고 내려 맺힌 것들이다. 그렇게 한 방울씩 모인 옥수는 숲과 너덜겅을 지나면서, 때로 큰 바위를 만나 제법 물살을 얻고, 더러는 작은 여울을 만나 소용돌이를 이루기도 하며, 이윽고 산방 앞에 도달한다. 스님은 이 앞개울 물을 생명줄로 하여 산중살림을 꾸려 나가는 것이다.

상선약수上善若水 고기어도故幾於道.

---

* 이중환의 《택리지》에는 지리를 논할 때 먼저 수구(水口)를 보고 그 다음 들의 형세를, 그리고 산의 모양, 흙의 색을 본 다음 조산(朝山)과 조수(朝水)를 본다고 되어 있다. 여기서 조산과 조수는 앞의 산과 물을 일컫는다.

노자 《도덕경》에서는 높은 선은 물과 같아서, 물은 만물을 이롭게 하고도 그 공을 다투지 않고 모두가 싫어하는 곳에 처하는바, 곧 물은 도에 가깝다고 했다.

쉼 없이, 여여如如하게, 산중의 것들을 이롭게 하면서 낮은 곳으로 처하는 앞개울 감로수. 그리하여 생명의 발원으로 업장業障의 불길을 다스려 해탈의 문으로 인도하는 것이 곧 감로수인 것이다. 수도산 정상에서 발원하여 산속의 것들을 축이며 흘러온 덕동의 계곡물은 이곳 두곡산방을 관류하면서 불심佛心을 적신다. 감로수는 그 청정무구함으로 속세간을 씻기며 기어이 대양으로 나아간다. 대양, 광대무변한 곳, 대원융大圓融의 그곳은 곧 반야般若(지혜)의 큰 바다인 것이다.

두곡산방에서 비로소 도道와 물이 가까움을 짐작한다.

해우소

두곡산방에서도 유달리 고즈넉한 곳이 있다. 개울 가까운 텃밭 귀퉁이 앞산을 마주하고 있는 곳, 바로 해우소解優所(근심을 푸는 곳, 뒷간 또는 정랑淨廊)다.

두곡산방의 해우소는 실은 재래식 뒷간이다. 그러나 여느 시골집 뒷간과 달리 아래위, 앞뒤가 숭숭 트여 바깥이나 다름없다. 옷을 내리고 쭈그려 앉으면 뭔가 좀 허전한 느낌이 든다. 아마도 도회지 아가씨라면 '일' 보기가 망설여질 것이다. 대신에 막힌 곳이 없어 사방 공기가 통하니 악취가 없고, 고개 들어 앞산을 바라보면 계절의 정취를 한눈에 느낄 수 있다. 특히 초이틀, 초사흘 밤이면 작은 창에 걸린 어여쁜 눈썹달의 정겨움도 만끽할 수 있다.

해우소 창턱에는 언제나 읽을거리가 놓여 있고, 그 위에는 작은 선반을 달아 호롱을 올려 두었다. 〈불조심〉이 적힌 왜 사

두곡산방 해우소. 해우소 가는 길 디딤돌과 주변의 청태가 산중정취를 더해 준다.

기호롱은 심지를 달아 석유로 불을 밝힌다. 밤에 정랑 출입을 할 때 요긴하게 쓰인다.

두루마리 화장지는 통나무 속통을 파고 뚜껑을 만들어 닫도록 해뒀다. 화장지통 바로 위 토담에는 "화장지를 두 칸씩만 떼어 쓰세요"라고 적은 판자가 붙어 있다.

"연전에 볼일이 있어 서울을 갔지요. 서울역에 내려 지하철을 타러 갔다가 화장실을 갔지 않겠어요. 그런데 한 청년이 그 앞에 걸린 화장지를 둘둘둘 말아서 풀고 있더라고요. '저러면 죄 받는데' 싶어 뭐라고 한마디 해주려다가 혹시나 시비가 될까 봐 참은 적이 있어요."

육잠 스님은 요즘 화장지는 두어 칸만 떼도 충분하다고 생각한다. 화장지뿐만 아니라 종이 한 장을 아끼는 것은 곧 나무를 아끼는 일이고, 나무를 아끼는 일이 자연과 동화된 삶을 사는 길이라는 생각에서이다. 자연과 함께하는 삶은 평화로운 삶의 기본이라고 말한다. 나무를 아끼는 것은 이 땅의 생명체로서 본성을 거스르지 않는 일이기도 하거니와, 특히 산에 사는 사람으로서 지극한 도리라는 것이다.

산에 사는 사람은 나무를 결코 인간편익을 위한 용재用材로만 보지 않는다. 나무도 당연히 하나의 생명체이고, 나무 한 그루에도 영혼이 깃들어 있다고 여긴다. 어쩌면 나무는 한낱 생명체이기 이전에 이 땅의 더 오랜 주인이기에, 같은 생명체인 인간과 서로 교감하는 것은 당연하다고 말한다. 그렇기 때문에 스님은 살아 있는 나무는 함부로 베지 않는다. 나무를 베어 생명을 해치면 그 업보를 다시 받게 된다고 믿는다. 인간은 한 번도 자연에게 베푼 적은 없지만, 숲은 기어코 인간을 품어서 양육해 왔기에, 나무는 한세상을 같이 가는 소중한 도반道伴이라고 생각한다. '사사물물事事物物', 즉 세상 모든 것이 진리라는 생각은 나무라고 해서 다르지 않은 것이다.

두곡산방 해우소에 쪼그려 앉아 인간과 나무와 숲의 교감을 실감한다. 산방의 해우소는 숲에 녹아들고, 숲은 해우소를

해우소 창틀 아래에는 읽을거리가 놓여 있고, 그 옆에는 '불조심'이라고 적힌
옛날 왜 사기 석유 호롱이 놓여 있다. 석유 호롱이 놓인 구멍 선반을 보면
처음 담을 쌓을 때 호롱을 놓을 것을 염두에 두고 쌓은 것일까 하는 의문이 늘 들곤 했다.

통나무 속통을 파고
뚜껑을 만들어 단 해우소 화장지통.

품는다. 앞산 오리나무의 푸른 물이 뚝뚝 떨어지고, 앞개울 물소리가 장엄한 합창처럼 들려 해우소는 두곡산방의 명소 중 하나임을 알게 된다. 숲의 것들과 있는 그대로 어울려 사는 삶이 어떤 것인지 이해하게 되는 것이다. 죽음을 말하면 필연코 철학을 이야기하듯, 숲을 이야기하면 반드시 환경을 논하게 되는 이유를 알 만하다.

덤으로 산중에서는 아름다운 삶, 인간이 살 만한 세상은 어때야 하는지 저절로 알아지는 곳이다. 불이不二. 일체 만물은 내가 너가 아닌 게 없고, 티끌 하나도 나 아닌 게 없다.

쭈그려 앉아 저린 다리를 주무르는데 한 생각이 떠올랐다. '해우소에서도 수행을 한다.'

스님의 손재주

두곡산방의 물건들은 어느 것 하나 정겹지 않은 것이 없다. 그것들은 수수하다 못해 어수룩하다. 육잠 스님은 일상에서 사용하는 가재도구나 농기구 대부분을 만들어 쓴다. 지게에서부터 의자, 고무래, 칫솔통 등은 모두 손수 깎아 못질한 것이다.

심지어 지압목침마저 자귀질해서 만들었다. 스님의 방 윗목에 늘 자리 잡고 있는 용천혈 지압목침이 그것이다. 스님은 마른 소나무를 베어다가 목침 크기만큼 잘랐다. 통나무 바닥은 평평하게 하고, 윗부분은 둥그스름하게 목침 모양을 잡았다. 둥근 상단 중앙에는 탁구공을 반으로 자른 모양새의 지압점을 남겨 뒀다. 바닥은 먹물 무명천을 두 겹 덧댄 바느질로 마무리했다. 발바닥으로 밟을 때 방바닥이 상하거나 소리가 나지 않도록 한 것이다. 이렇듯 스님의 손이 간 것들은 쓰임새에 꼭 맞도록 만들어졌다.

스님은 생활용품이나 농기구를 만들 때 나름대로 몇 가지 원칙을 세워 두고 있다. 쉽게 만들 것, 단순하게 만들 것, 실용에 우선 둘 것, 주변에서 구할 수 있는 재료로 만들 것이 그것이다. 스님은 산중생활을 하다 보면 재료가 넉넉하지 않기 때문에 자연스레 그렇게 된다고 했다. 또 주변의 주어진 것들을 가지고 뚝딱뚝딱 만들다 보니 은연중에 산중의 것들과 닮게 되더라고 한다. 스님은 산중살이를 하면서 억지로 다듬거나 멋을 부리면 오히려 볼썽사납다고도 말했다. 그래서 오히려 아름답다.

"한 해 겨울은 손이 비기에 심심풀이로 윷을 만들어 봤지요. 윷은 싸리나무 윷을 최고로 치는데, 윷가락 소리가 차랑차랑하여 옛날부터 대를 물려주는 윷이라고 하지요. 그런데 손 안에 쏙 들 정도로 굵기가 맞춤한 싸리나무를 찾기가 쉽지가 않아요. 해서, 나무하러 산에 갈 때 맞춤한 나무가 보이면 끊어다 두었지요. 윷가락은 잘 마른 싸리나무를 가는 톱으로 비스듬히 잘라 낫으로 반을 쪼갭니다. 그것을 벼린 칼로 잘 다듬어 사포질하면 마무리되지요. 말은 쉽지만 공정마다 세심한 손질이 좀 필요합니다. 윷은 늘 쓰는 물건이 아니니까 간수하는 것이 중요해요. 그래서 윷을 담는 주머니를 만들어야겠더라고. 물들인 무명천을 기워 주머니를 만들고, 기왕 광목천에 먹으로 윷판도 그려서 접어 넣었지요."

93

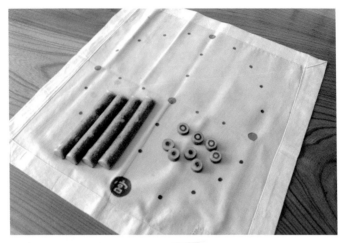

육잠 스님이 소일 삼아 만든
싸리윷. 윷가락과 함께 나무로
윷말을 만들고 광목천에
윷판을 그려 일습을 주머니에
넣었다. 윷주머니에 수놓은
한 송이 꽃과 '윷'이란 글자가
도드라져 보인다.

스님이 그렇게 윷을 만든 것은 고졸미古拙美를 잃어버린 요즘 사람들에게 옛것의 아름다움을 알려주고 싶어서였다. 더불어 잃어버린 우리 전래놀이가 이 싸리윷으로 조금이나마 되살아나길 바라는 마음에서였다.

"사람들이 싸리윷을 좋아하기에 한 벌을 서울 사는 지인에게 줬습니다. 나중에 이야기를 들으니까 그 사람 친구가 일본서 왔는데, 그 윷가락을 보더니 눈을 떼지 못하더라는 겁니다. 하도 탐을 내 선물로 줘버렸다면서 여분이 없는지 묻더군요. 촌스런 물건이지만 일본으로까지 건너갔으니 출세했다 해야겠지요. 허허."

스님이 만든 것들은 기계에서 정확히 치수를 맞춰 자르거나 깎아 낸 것이 아닌 만큼 사람냄새가 난다. 말 그대로 졸박拙朴한 아름다움을 지닌 것이다. 대교약졸大巧若拙이라고 했던가. '크게 공교工巧함은 오히려 졸박하다'는 것은 이를 두고 한 말일 터이다.

스님이 쓰고 있는 바가지만 해도 그렇다. 봄철 담장 아래 박씨를 심어 여름 동안 박꽃을 즐기고, 가을이면 박을 타서 바가지를 만드는 것이다. 그렇게 물바가지며, 이남박으로 쓰다가 낡고 부서지면 썩어서 다시 자연으로 돌아가도록 하는 것이다. 그 가운데 순환의 이치를 거스르는 것은 아무것도 없다. 박 바

찰흙을 손으로
주물러 만든 조사상.

가지에 꼭 맞는 생명력을 부여하는 것이다. 그것이 곧 자연과
더불어 사는 삶이다.

이런 것들 가운데 놓인 앞개울가의 비누 곽은 유독 도드라
져 보인다. 묵색의 풍경들 가운데 노란색 플라스틱 공산품은
오히려 이질감이 들 수밖에 없는 것이다.

스님이 만드는 것은 비단 일상 생활용품뿐만이 아니다. 웬
만한 창고 정도는 손수 짓는다. 그도 그럴 것이, 두곡산방 집마

저 손수 세웠으니….

사람들이 두곡산방을 들락거리면서 이곳 해우소가 꽤 입소
문이 났다. 해우소 유명세 때문인지, 스님 손재주 때문인지는
모르지만, 한 해 가을에는 문경 봉암사 선원 암자에서 해우소
를 지어 달라는 부탁이 왔다.

스님은 해우소 자리를 둘러보고 온 뒤, 예전에 집 지을 때
쓰고 남은 헌 한옥 문을 가지고 선원으로 올라갔다. 먼저 땅을
파 독을 묻고 주춧돌을 박았다. 주춧돌을 중심으로 사방은 약
간 높게 빨간 벽돌 두 단을 쌓은 후, 네 기둥을 세웠다. 벽체는
두곡산방 해우소의 돌담 대신 적송판자로 둘렀다. 문은 헌 한
옥 문을 단 것은 물론, 바닥 역시 송판을 잇대어 깔고, 지붕은
골 양철로 덮었다. 스님은 그 양철지붕 위에 산죽山竹을 베어다
가 다시 두툼하게 한 겹 더 덮었다. 산죽 겹지붕으로 해서 여름
날 뙤약볕에도, 겨울날 눈이 덮여도 해우소 드나들기가 한결
수월하도록 배려한 것이다.

이렇듯 해우소 짓는 것이야 별다를 것이 없을 터이다. 다 지
어 놓고 보니까 해우소만 휑뎅그렁한 것이 영 밋밋했다. 스님
은 궁리 끝에 산에 올라가 굵직한 마른 나무를 베어 왔다. 통나
무들은 껍질을 벗겨내고 해우소 앞쪽에 나란히 기둥으로 박았
다. 기둥과 기둥 사이는 긴 막대 두 개씩을 가로질렀다. 그런 후

봉암사 용추토굴 선방 한쪽 산기슭에 해우소를 만들고 청죽 울타리를 둘렀다.
목책으로 인하여 해우소는 폐문선방과도 같이 마음 닦는 곳으로 탈바꿈했다.

산에서 청죽靑竹을 베어와 가지런히 잘라 성깃성깃 못질했다.
명색이지만, 조그마한 사립문도 하나 만들어 달았다.

　해우소 둘레에 나지막한 목책木柵이 생긴 것이다. 이 목책
하나로 해우소는 마치 무문관無門關 수행하는 선방 별채와 같이
변했다. 이곳을 들르는 사람이면 누구라도 선방의 또 하나 조
용한 명상처라는 것을 알게 되는 것이다.

　옛사람들은 "그 사람을 알려면 그가 쥔 괭이를 보고, 그 집
안을 알려면 그 집 장맛을 보라"고 했던가? 요즘이야 생활용품
뿐만 아니라 농기구도 모두 시장에서 사다가 쓰는 시대다. 그

러나 예전에는 괭이 한 자루도 대장간에서 벼려, 자루를 깎아 박아서 썼다. 그러니 그가 깎아 박은 괭이자루만 봐도 단박에 그 사람 성정을 알게 마련. 자루를 박달나무 같은 것을 구해 섬세하게 깎아 박은 것을 보면 그가 물건을 소중하게 다루는 사람임을 알게 될 것이고, 무른 오리나무 따위를 껍질도 벗기지 않은 채 박은 것을 보면 물건을 허투루 내돌리는 사람으로 짐작한다. 그것은 비단 그 사람의 손재주만을 말해 주는 것이 아니라, 그 사람의 삶에 대한 자세를 가늠하게 해주는 것이다.

스님이 일용 생활용품뿐만 아니라 건물을 지을 때도 가장 중요하게 여기는 것은 '단순하게, 소박하게'이다. 이것은 산중 살림의 든든한 밑천이다. 단순하고 소박한 것은 세상살이의 첫 번째 덕목이기도 하다.

스님의 괭이자루는 참나무 속통을 깎아서 박았다.

산방 향기

덕동마을 입구, 잔디가 입혀진 도도록한 언덕을 올라서면 손 처사 집 농막이 자리 잡고 있다. 그곳 낮은 언덕에는 덕동마을 대문이 있다. 바로 〈방양문防羊門〉이다.

명색이 동네 대문이지만, 방양문은 사립문에 불과하다. 마치 텃밭 울바자 문마냥 팔뚝만 한 생나무를 깎아 성기게 못질하고 철사로 얼기설기 얽었다. 어른 배꼽 높이의 시늉뿐인 문은 자물통도 없다. 〈방양문〉, 비록 손바닥만 한 나무 조각에 쓴 붓글씨지만 무슨 심오한 뜻을 담은 듯하다. 절집에서 일주문을 경계로 밖을 속계俗界, 그 안을 진계眞界라고 하듯, '양羊은 들어오지 못한다'는 의미가 그렇게 읽힌다. '입차문내入此門內 막존지해莫存知解.' 이 문을 들어설 때는 알량한 지식 따위는 버리고 너의 실상을 밝히라는 일갈처럼 들리는 것이다.

육잠 스님은 사람들의 이런 구구한 방양문 해석에 파안대

덕동마을의 대문인
손 처사네 대문간 사립문에
달려 있는 〈방양문〉.

소한다. 방양문은 문자 그대로 염소가 들어오지 못하도록 막아
놓은 문일 뿐이라고 말한다. 예전 문이 없을 때 한번은 마을의
염소 떼가 몰려들었다. 놓여난 염소들은 스님의 채마밭을 순식
간에 난장판으로 만들어 버렸다. 그래서 스님이 뚝딱뚝딱 문을
해단 것이 방양문이라 했다.

　마을의 대문, 손 처사 집이 빈 지금은 방양문만 쓸쓸하다.

　산방 앞개울에 걸쳐진 작은 섶다리를 건너면 특이한 풍경
하나가 펼쳐진다. 스님은 퇴비장 옆에 나무둥치를 박아 세우
고, 철사 줄을 쳐 〈룽다〉 깃발을 매달아 뒀다. 룽다는 오색천에
불경을 적어 넣은 깃발이다. 티베트인들이 바람이 경전을 읽어

주는 소리를 듣기 위해 신성한 장소나 고갯마루에 만국기처럼 달아 놓는 바로 그것이다. 황무지 고산지대 설산을 배경으로 나부끼는 그 깃발이 이 산속에 서 있는 모습은 무척 이질적이다. 룽다는 스님이 동티베트 갔다 오면서 산 것이다.

거기다가 더 생뚱맞다 싶도록 눈길을 끄는 것은 룽다 기둥. 스님은 룽다 기둥에 "일하지 않는 자는 인민의 적"이란 글귀를 적어 뒀다. '인민의 적'이란 문구가 불가지게 느껴지지만, 내 먹는 것만큼의 노동은 스스로 감당해야 된다는 스님 스스로의 의지로 읽힌다.

앞개울 섶다리 건너 왕버들 아래 룽다가 걸려 희미한 바람에도 날리고 있다.
스님에게 룽다의 나부낌, 그것은 살아 있는 것은 쉼이 없다는 외침과도 같다.

'일일부작一日不作 일일불식一日不食.' 하루 일하지 않으면, 하루 먹지 않는다. 불가에서야 행주좌와行住坐臥 어느 것 하나 도가 아닌 것이 없거니와 농사일 또한 그러하다는 것. 바로 당나라 백장 선사百丈禪師의 선농일여禪農一如 그것이다.

"에도시대 료칸 선사는 젊은 시절 다이닝 고쿠센大忍國仙을 모시고 있었습니다. 하루는 료칸 선사가 스님한테 좌우명은 무엇인가고 물었습니다. 그러자 다이닝 스님은 '하나에 돌을 지고, 둘에 흙을 나른다'고 대답했지요. 이 얼마나 명쾌한 말입니까. 그만큼 옛 조사들도 힘써 노동하는 가운데 수행할 것을 강조했습니다."

옛날 선각들은 '마음이 곧 도량'이라고 했지만, 이곳 두곡산방에서는 도량이 마음을 죌 수도 있다는 것을 알려 준다. '인민의 적'과 '일일불식'은 두곡산방이 힘써 일하고, 일한 만큼으로 자족하는 공간으로 농사짓는 도량임을 직설直說하는 것이다. 방양문이 불심이 잉태되는 신성의 장소라면, 룽다 깃발 너머는 밥이 생산되는 노동의 장소다. 이렇듯 세상으로부터 한발 비껴선 듯한 방양문과 룽다 기둥이 선 두곡산방 풍경은 승僧과 속俗이 교차하는 그 어디쯤 되지 않을까 싶다.

저 건너 갈미봉에
비가 묻어 오는구나
우장 삿갓 둘러쓰고
김을 매러 갈까나
운봉선사 임종게
지게도인

35×30cm

104

손 처사네

그리 머잖은 옛날, 화전민이 들어와 귀틀집을 짓고 비탈 밭을 일구기 시작했다는 덕동마을.

덕동마을 앞산, 낙엽송 숲 둔덕을 올라서면 마을 전경이 한눈에 잡힌다. 단출한 오두막들은 제각각의 모양새다. 앉은 모습도, 서로 시야를 가리지 않을 만큼 듬성듬성 떨어져 등을 돌리고 있다. 마을이라고 해봤자 이름뿐, 그 집들은 모두 비어 있다.

마을의 집으로는 그나마 손 처사네가 가장 오래 마을을 지켰다. 손 처사는 스님이 처음 이곳에 오던 날 다랑이 논에서 합장하던 바로 그 농부다. 당시 그 집만이 덕동마을의 유일한 한 가구 정주민이었던 것이다.

터줏대감 손 처사 내외도 이미 20년 전 불귀의 객이 되었다. 부부가 경운기를 타고 농협에 비료 사러 나갔다가 돌아오는 길에 참변을 당했다. 한밤중 아랫마을 내촌리 입구 다리에서 경운기가 굴러떨어져 부부가 함께 숨진 것이다.

"그날이 우수날이었지요. 아침 일찍 손 처사 집에서 경운기 소리가 나더라고요. 날이 풀리고 농사철이 시작되니까 읍내 농협에 비료를 사러 가는지, 서둘러 집을 나서는 눈치였어요. 보통은 부인은 데리고 가지 않는데, 그날따라 무슨 일인지 부인을 태우고 개까지 딸려서 나갔어요. 그런데 날이 어두워졌는데도 경운기 소리가 들리지 않아, 기다리다가 내가 아이들 저녁해서 먹이고 재웠어요. 그런데 밤이 깊도록 오지를 않아요. 절대 밖에서 밤을 새울 사람들이 아닌데 하면서 불안한 마음으로 밤을 보냈지요. 이튿날 아이들 아침밥도 해 먹여서 학교 보내고, 나도 읍내 볼일이 있어 버스를 타러 아랫마을로 내려갔어요. 버스 정류소 있는 곳으로 갔는데, 조금 떨어진 마을 앞 다리 밑에서 사람들이 둘러서서 웅성거리는 거라. 뭔가 해서 가서 보니까 아, 글쎄…."

스님이 다리 밑으로 갔을 때, 부부는 처참한 모습으로 이미 싸늘히 식어 있었다. 스님에게는 어처구니없는 일이었다. 말을 잃은 스님은 산방으로 되돌아와 장례 준비를 서둘렀다. 저녁 무렵에야 아랫마을 사람들이 시신을 수습하여 경운기에 싣고 왔다. 그걸 본 스님은 '세상에 무슨 이런 일이 다 있나'는 생각에 정신이 아득했다. 유일한 이웃으로 형제처럼, 도반처럼 의

지하던 손 처사 내외의 죽음에 말문이 막혔다.

"참으로 기가 찼지요. 손 처사가 술을 좋아해서 자기 집에서 술을 마시다가 얼큰히 취하면 한됫병을 들고 토굴로 오지요. 그러면 청마루에 걸터앉아 술을 다 마실 동안 온갖 이야기를 다 하는 거라. 그렇게 지냈는데 막상 관棺 두 개를 경운기에 실어다 놓고 보니 어이가 없더라고요. 불도 없는 산골짜기의 밤, 친정아버지와 여동생하고 몇몇 친척이 와서 밤새도록 슬피 우는데 얼마나 마음이 안됐는지…. 그렇게 장례를 치르고 삼우제三虞祭를 지낸 후 아이들은 아랫마을 삼촌 집으로 내려갔지요. 아이들이 떠나는 날 마을 앞 언덕에 앉아서 보니까, 어린 아이들 넷이 살림살이를 봇짐으로 만들어 짊어지고 소를 앞세우고 나란히 내려가는데…. 졸지에 고아가 된 아이 넷이…, 차마 눈 뜨고는 못 보겠더라고."

스님은 손 처사네 아이들이 떠나던 날을 생각만 하면 늘 눈가에 눈물이 스민다.

20여 년 전 손 처사 가족이 떠난 후 원주민은 없다. 손 처사네 집도 한동안 비워져 있었다. 그러던 것이 10여 년 전, 한 가족이 손 처사네 빈집을 사서 들어왔다.

새 이웃은 가장이 워낙 천석고황泉石膏肓이 깊은 터라 가족을 이끌고 산중으로 들어왔다. 대구에서 사업을 하던 가장 이

덕동에 마지막까지 살았던 정주민 한 가구 손 처사네.
손 처사가 죽고 난 이후 몇 차례 주인이 손바꿈하면서
오히려 뒤란의 무성한 밤나무가 오랜 주인 노릇을 하고 있다.

처사는 도회지 생활에 염증을 냈다. 그래서 아직도 초등학교 3학년과 1학년에 다니는 아이들을 데리고 온 가족이 산중으로 들어온 것이다.

스님은 새 이웃이 온다는 기대에 부풀었다. 이 처사가 집수리 할 때 스님도 자신의 일마냥 나서서 거들었다. 벽체를 털어내고 다시 흙벽돌로 쌓고, 구들도 손 맞춰 깔았다. 지붕도 골 양철로 새로 덮어 빨간색으로 칠하고, 마당 한구석에 작은 창고도 한 채 앉혔다.

약 3개월에 걸친 수리 끝에 이 처사네가 이사를 들어왔다. 아이들 둘도 가북초등학교로 전학을 시켰다. 이 처사는 사륜구동 차량으로 아이들을 매일 학교에 등교시키고, 학교를 마치면 데리고 왔다. 농사일은 텃밭에 채소나 가꾸는 정도에 불과하지만 매일처럼 아이들을 실어 나르는 것이 만만한 일은 아니었다. 거기다가 도회지에서 나서 자란 아이들이 전기도 전화도 없는 산골에 쉽게 적응할 리 만무였다.

아이들에게는 서너 달 산골생활이 한계였다. 결국 아이들 교육문제 때문에 이 처사는 덕동에 남고, 부인과 아이들은 학교 근처에 집을 얻어 나가서 살게 되었다. 졸지에 이산가족이 되어 버린 것이다. 그 생활도 그다지 오래가지는 못했다. 이 처사는 1년을 못다 살고 대구로 돌아가 버렸다.

그 이후 두어 차례 집 주인이 손바꿈을 하고, 세월의 흐름에 따라 몇 차례 들고 날고 했다. 그러나 그들 외지 집주인들은 주말이나 철 따라 잠시 들르는 정도여서 손 처사네는 늘 비어 있다.

손 처사네 주인은 무시로 들락거리는 사람만이 아니다. 오히려 늘 그 자리를 지키고 있는 것들을 터주라 해야 한다. 지붕 위에 그늘을 드리우며 말없이 지켜보고 선 밤나무, 마당 끝 두툼한 껍질에 싸인 재피나무, 개울가 아름드리 고사목 등걸이 차라리 주인 노릇을 하고 있는 것이다. 이처럼 있는 듯 없는 듯, 조금은 허전하고 쓸쓸한, 남루한 것들이 서로 어깨를 맞댄 채 졸박한 마을 풍정을 만들어 내고 있다.

덕동에서는 차라리 산수 간 만물도 서로 부대끼지 않는 넉넉한 이웃이 된다.

이 그림은 내가 살고 있는 동네 수도산(1350m) 덕동을 그린 것이다. 해발 850m에 자리 잡은 깊은 산중 작은 산동네, 아직 전기와 전화가 없는 곳, 네 집이 살고 있는데 사철이면 동네를 감싸고 피는 하얀 돌배나무꽃과 둘레둘레 돌담들이 참으로 아름답다. ― 지게도인 글과그림

와운굴

와운굴臥雲窟은 육잠 스님의 겨울 토굴이다. 구름을 베고 누웠다는 와운굴은 두곡산방에서 숲속 산길로 6, 7분쯤 올라가야 한다. 굴참나무, 때죽나무, 개옻나무 따위의 키 큰 나무들로 우거진 오솔길 끄트머리에 있다. 두곡산방의 암자인 셈이다.

멀리 거창의 명산 의상봉이 건너다보이는 와운굴 마당 잔디밭에는 언제나 볕살이 자글자글 들끓는다. 스님은 삼태기처럼 팡파짐한 그 언덕에 방 한 칸, 부엌 한 칸짜리 토굴을 앉혀 놓았다.

절집에서는 흔히 '혼자서 참선參禪하면 지옥이고, 대중과 함께 하면 그저 묻어간다'고 한다. 그만큼 혼자서 하는 수행이 어렵다는 말이다. 특히 두곡산방은 아랫동네 사람이나 지인, 산행객들이 무시로 찾아들기 때문에 참선에 들기가 쉽지 않다.

"예전부터 불가에서는 하안거夏安居, 동안거冬安居 결제結制

눈 속에 파묻힌 와운굴. 육잠 스님은 겨울 결제 철이 되면 쌀 한 포대, 김치 한 단지를 지고 이곳 와운굴로 와서 동안거에 든다.

중에는 중이 산문山門 밖에서 맞아 죽어도 할 말이 없다고 했습니다. 결제 중 마음공부를 하지 않고 돌아다니는 중은 중이 아니라는 것이지요. 그만큼 안거는 수행자라면 누구나가 지켜야 하는 엄한 계율인 것입니다. 그래서 한 해 한 철이나마 결제에 들고자 마음을 내는 거지요."

스님이 스스로를 단속하여 선방과 같은 고요함 속에서 겨울 한철 동안거에 들기 위해 마련한 수행처가 와운굴인 것이다.

"겨울철 한번은 그런 일이 있었지요. 여름은 농사일도 하고 여러 가지 번거로운 일들 때문에 여의치 않아 겨울 동안거 기

간에 맞춰 안거에 들었습니다. 그런데 겨울에도 사람들이 심심
찮게 찾아들어요. 지인들이나 아랫마을 사람들뿐만 아니라 산
을 타러 왔던 등산객도 불쑥불쑥 들르곤 해요. 그러니 도무지
좌복에 정좌를 할 수가 없었어요. 생각다 못해 광목천에다 〈육
잠입적六岑入寂〉이라고 써서 달아 놓고 사립문을 닫아걸어 버렸
어요. 그랬더니 아랫마을 사는 노인 한 분이 산에 약초 캐러 가
다가 그것을 봤겠지요. 평소에는 보이지 않던 이상한 글씨가
사립문에 걸려 있으니 '출입금지라' 하면서 혼자 중얼거리고
지나가더라고요. 혼자 앉았다가 어찌나 우습던지…. 한편으로
는 '아, 저분이 글을 제대로 읽었구나'는 생각이 들어 또 한 번
파안대소한 일도 있었지요. 그런데 나중에 또 한 분이 우연히
들렀다가 그 글을 보고 '스님이 죽었다'고 소문을 내서 작은 소
동이 일기도 했습니다. 그러니 동안거가 좀체 마음 같지가 않
았지요."

　　스님이 덕동에 처음 들었을 때 와운굴 자리는 콩밭이었다.
하루는 콩밭을 매다가 땀을 닦고 가만히 앉아 쉬었다. 아늑하고
도 고요했다. 이 자리에 토굴을 앉히면 겨울나기가 한결 수월하
겠다는 생각이 들었다. 스님은 그것을 늘 염두에 두고 있었다.

　　스님은 몇 번의 성가신 겨울을 겪고 크게 마음을 냈다. 콩밭
자리에 집터를 닦았다. 아무리 단출하다지만 명색이 집인지라

스님은 겨울 동안 안거에 들려고 하지만 무시로 찾아드는 방문객들로
정진할 수가 없었다. 생각다 못해 한 해 겨울은 사립문에 〈육잠입적〉이라고
써 붙이고 문을 닫아걸어 버렸다.

공사는 간단하지 않았다. 무엇보다 혼자서 자재 나르는 일이
힘겨웠다. 목재와 흙벽돌 따위 자재는 두곡산방 아래 임도에서
부터 지게로 져서 올릴 수밖에 없었다.

　특히 기둥과 중방을 져 나르는 일은 차라리 고행이었다. 양
옆 나무가 빼곡히 들어찬 오솔길에 3미터가 넘는 기둥을 지게
로 나르려니, 내처 게가 옆으로 기어가듯 옆걸음으로 산을 오
를 수밖에 없었다. 한번은 게걸음으로 오르다가 중방이 나뭇
가지에 걸려 지게가 기우뚱하면서 중심을 잃고 넘어졌다. 허리
를 삐끗한 스님은 꼼짝도 못하고 드러누워 버렸다. 이틀 고생

가는 댓가지로 만들어 세운 와운굴 울바자.
삼태기 형태의 와운굴은 볕살이 따사로워 늘 안온한 기운이 감돈다.

을 하고서야 겨우 움직일 수 있었다.

　스님은 방안을 기다시피 하여 조약돌 찜질을 했다. 조약돌 찜질은 맑은 개울의 물이 떨어지는 소沼에 있는 잘 닳은 작은 돌을 두어 줌 주워다가 팬에 달군다. 그것을 수건으로 감싸서 환부에 대고 찜질한다. 돌이 식으면 다시 달구는 식으로 몇 차례 반복한다. 이것은 먼 병원 가기보다 산중 스님이 하는 손쉬운 만병통치 민간요법인 것이다. 그렇게 한 주일을 고생하고서야 다시 집 일을 시작할 수 있었다.

와운굴은 이처럼 고행을 감수하고라도 마을과 한 발짝 떨어지겠다는 생각으로 지은 토굴인 것이다. 때문에 와운굴에는 일체의 것을 배제하고, 먹고 자는 데 꼭 있어야 할 것들만 놓여 있다. 지극히 단출한 살림이다.

"옛날 혜암 큰스님이 그랬지요. 수도하는 절을 두고 사람들은 고요하고 한가한 처소라고 생각하지만, 실은 막다른 골목에서 죽느냐 사느냐 생명을 걸고 싸우는 곳임을 명심해야 한다고."

겨울 안거 선방인 이곳 와운굴이 지극히 절제된 가운데서도 자못 치열한 전장戰場임을 알려 주는 한 물건이 있다. 잔디마당 끝의 장명등長明燈. 스님은 어른 다리통 굵기의 참나무 통목을 마당 끝에 박아 세우고, 그 위에 함석으로 등을 만들어 달았다. 장명등의 호롱불은 산 아래를 굽어보면서 동지섣달 긴 밤 동안 수림 속에 한 줄기 빛을 비쳐 준다.

부처님은 마지막으로 "자등명自燈明 법등명法燈明" 한마디를 남겼다. 즉, 자신을 등불로 삼고, 법을 등불로 삼으라고 했다. 절집에서 장명등이나 연등의 등불을 밝히는 것은 본마음의 등불과 진리의 등불, 즉 부처님의 등불을 상징한다. 와운굴의 한 오라기 장명등 등불 역시 미망迷妄을 헤매는 중생들을 위한 한

와운굴 마당 끝의 장명등. 어두운 겨울밤 스님은 장명등에 불을 밝혀
산속 뭇 중생들이 미망으로부터 깨어나도록 인도한다.

줄기 빛이다. 숲속의 삼라만상에게 본마음의 빛, 진리의 빛이
되는 것이다.

진퇴 없는 전쟁터 와운굴. 그러나 자연의 것들은 그 삼엄함
에 아랑곳하지 않는다. 그저 산속 꽃과 나무들은 계절에 따라
꽤나 아취를 자아낸다. 사립문 기둥 옆 돌복숭아나무는 이른
봄 연분홍 꽃을 피우고, 둔덕의 화살나무는 늦가을을 붉게 물
들인다. 한 폭의 풍경화를 그려 내는 것이다.

그뿐인가. 한여름 마당 끝 짙푸른 오동나무 그늘에 들면 등
줄기가 서늘하게 말라 오는 것을 느낄 수 있다. 스님은 그 오동

118

나무 아래, 수해 때 휩쓸려 내려온 고사목 통나무 한쪽 면을 깎아 기다란 나무의자로 박아 뒀다. 일체의 것을 들어낸 와운굴. 검박儉朴함 때문에 오동나무 아래에 앉으면 오히려 포근한 느낌이 절로 든다. '평온이란 것이 이런 것이구나' 싶다.

스님은 세상의 성가심을 피해 선정禪定에 들고자 겨울이 닥치면 쌀 한 포대, 김치 한 단지를 들고 와 이곳에서 좌복 위에 앉는다. 동안거 한 계절 동안 자신과 말없는 전투를 치르는 것이다. 고요 속의 준열峻烈!

초봄, 와운굴 잔디 마당에서 문득 고개를 든다. 군청빛 하늘에는 적막만이 가득하다. 와운굴이 겨울 동안 고요를 길러 놓고 있었다.

와운굴서 하룻밤

와운굴에서 하룻밤 묵기로 한 날이다. 산속에는 해가 빨리 진다. 풍외암에서 육잠 스님과 서둘러 저녁 공양을 마친 후 혼자서 와운굴로 향했다.

어느새 밖은 칠흑의 어둠이다. 스님이 랜턴을 쥐여 줬지만 무섬증이 더럭 일었다. 와운굴까지 오솔길은 늘 다니던 길인데도 밤이 되니 전혀 생소한 초행길과 같았다. 머리털이 쭈뼛쭈뼛 섰다. 연신 헛기침을 하면서 짧은 숨을 내뱉으며 잰걸음을 놀려 옆도 돌아보지 않고 숲을 지나쳐 와운굴로 뛰어들었다. 가쁜 숨을 헉헉대며 석유등잔에 불을 붙였다. 물 한 잔을 들이켠 후 뜨끈한 방바닥에 퍼질러 앉았다. 훈훈한 온기가 등뼈를 타고 올라와 비로소 편안해졌다.

바람 한 점 없는 밤, 가물거리는 호롱불을 앞에 두고 좌정했다. 방 안은 무한적막, 바로 그것이다. 고요함 속에 눈을 감고

초봄의 와운굴. 절대적막과도 같은 와운굴에 들면 도시에서 느끼지 못했던
모든 감각이 되살아나는 듯하다.

명상에 들었다. 태초의 공허 속 우주의 운행 소리가 들리는 듯
했다. 고요의 시간이 지날수록 도시의 들끓던 소음이 생생히
되살아났다. 음역이 높으면서도, 끈질기고, 총체적인 도시의
그 소리 말이다. 그 뒤섞인 소리 때문에 도시에 살면서 오히려
소음을 소음으로 듣지 못했음을 확연히 알 수 있었다.

　이곳 산속의 소리는 도시의 것들에 비해 음역이 낮고 단음
절이다. 당연히 음音의 덩어리는 없다. 산속 것들의 소리는 선

명하면서도 개별적이어서 쉽게 분별할 수 있다. 물소리, 바람소리, 밤새소리, 모두 원초적 본능을 일깨워 주는 것들이다.

방문을 열어젖혔다. 하늘에는 별들이 무더기로 빛을 뿜었다. 호롱불마저 껐다. 고요한 곳에서는 사람의 눈으로 보는 가시권역도 그만큼 확장되는가 보다. 광활하고도 깊은 하늘에 겹겹이 박힌 별들이 산속의 것들을 또렷이 비췄다. 북극성 아래 북두칠성이 빛나고, 작은사자자리 별들이 반짝였다.

무수한 별들 속에서 별자리를 짚어 본다. 별자리는 그 옛날 티그리스 강변의 유목민 목동들이 만들어 냈다고 했던가. 절대고독 속 그들이 양 떼를 지키는 밤 동안, 하늘의 별들 외에 친구를 할 수 있는 것이 그 무엇이겠나. 틀린 말이 아닐 것이다. 이런 적막 속에서 밤마다 별하고만 친구 한다면, 누군들 별자리를 만들지 않겠으며, 어떤 전설인들 엮어 내지 않겠는가.

서울에서는 맑은 날 밤에도 헤아릴 수 있는 별이 스무 개뿐이라고 했다. 비단 서울의 밤만 그럴까. 도시에서는 밤을 밝히는 가로등과, 싸인 간판 등 수많은 불빛과, 차량이나 공장에서 내뿜는 매연으로 별은 이미 옛이야기 속에 묻혀 버렸다. 도시에서는 이제 누구도 삼태성을, 은하수를, 별똥별을 이야기하지 않는다. 별을 잃은 사람은 꿈을 잃은 사람이라고 했는데….

신경림 시인은 〈별〉을 노래하면서, "나이 들어 눈 어두우니

두곡산방 댓돌에는 항상 기운 털신과 고무신 두 켤레가 놓여 있었으나 육잠 스님은 '남들이 보면 청승 떤다'고 오해할 수 있다면서 언젠가부터 털신은 치워 버렸다.

와운굴에 걸린 현판. '조촐하고 검소하다'는 뜻의 〈정검〉 두 자는 청나라 서화가 정판교가 쓴 〈정검재(靜儉齋)〉라는 현판 당호 글씨에서 따와 집자(集字)한 것.

별이 보인다"고 했다. "하늘에 별이 보이니 풀과 나무 사이에 별이 보이고" 그러고 나니 "사람들 사이에 별이 보인다"고 했다. 틀린 말이 아닐 것이다. 와운굴에서 갈급함을 버리니 비로소 하늘의 별이 가슴으로 들어온 것이다. '별과 적막'은 분명 수행자의 반려이다. '별과 적막', 이 둘은 산중살림에 있어 무량보시이기도 하다. 기도하고 싶은 밤이다.

쏟아져 내리는 별빛에 취해 문지방에 턱을 괴고 멀리 하늘의 별들을 오래도록 바라본다. 그리고 무한의 밤하늘에서 별 한 점을 찍어 마음속에 담는다. 이제야 우주의 구성원이 된 것 같아 가슴 뿌듯했다. 별빛 여행을 하던 중 무한정적 속에서 깊고도 달콤한 잠에 빠져들었다.

얼마쯤 지났을까? 귓전 가까이서 재재거리는 새들의 지저귐에 눈을 떴다. 문지방에 턱을 괸 채 깊은 잠에 떨어졌나 보다. 한 무리의 멧새들이 숲에서 하늘로 날아올랐다. 그런데 와운굴 마당 한가운데서 더운 김이 모락모락 피어오르고 있었다. 방금 전 멧돼지란 녀석이 와서 채 다섯 걸음도 안 되는 마당 잔디밭 가운데 똥을 누고 간 것이다. 낯선 객을 빤히 쳐다보며 일을 봤을 멧돼지를 생각하니 신비롭기만 했다.

산속의 것들, 별과 적막 그리고 짐승들조차 모두 자연 그대로이다. 서로 간섭하지 않고 질투하지 않는다. 오롯한 것들이

함께 모여 감춘 듯 드러내면서 조화를 이루어 가는 세계인 것
이다. 와운굴에서는 별이 보인다. 와운굴은 능히 마음자리를
들여다볼 만한 곳이다.

20×15cm
'오직 내 마음을 그릴 뿐.' 육잠 스님이 어느 날 화론집을 보다가
문득 한 생각이 일어 책 뒷장 여백에 그린 그림. 책장 뒷면의 글씨가 그대로 비친다.

배꽃사태

두곡산방 사계절은 꽃사태다. 이른 봄 노란 생강나무꽃을 시작으로, 늦가을 서리 맞은 노란 감국까지, 꽃들은 저 홀로 피고 또 진다. 그중에도 육잠 스님의 세 가지 꽃 사랑은 유별나다. 돌배꽃, 엉겅퀴꽃, 민들레꽃이 그것이다.

꽃들 가운데서도 두곡산방 꽃이라면, 단연 돌배꽃을 맨 위에 올려놓아야 한다. 실은 두곡산방이 완성되는 것은 이 돌배꽃 덕분이라고 해도 지나친 말이 아니다. 돌배꽃이 피면 두곡산방뿐만 아니라 덕동마을 전체가 꽃동네가 되고 만다. 풍외암 장작더미 옆과 뒷집 언덕배기 아름드리 돌배나무에 꽃이 피면 뭉글뭉글 꽃구름이 피어오른다. 돌배꽃은 풍외암 지붕과 담배막 위를 뒤덮는다. 밤이 들어 돌배꽃 구름 너머 달이라도 뜨면, 두곡산방은 잔잔한 한 폭 수묵화가 되는 것이다.

"두견새가 한밤 내 울어예는 봄밤에 배나무 배꽃이 활짝 피

두곡산방 버덩에 선 돌배나무에 꽃이 피어 절정으로 치닫고 있다.

어난대요. 하이얀 배꽃을 바라보노라면 시집간 누나가 사뭇 그
리워져요"라고 박목월 시인이 〈봄밤〉에서 노래했듯, 스님은 달
뜨는 밤 돌배꽃 그림자 아래 들면 공연히 마음이 들뜨기도 하
고, 때로 서러워지기도 한다. 그 장엄을 혼자 누리기 아까워 돌
배꽃 가지에 달이 걸리는 날이면 월창月窓을 열어 두고 긴 편지
를 쓴다. 주체할 수 없는 그것들로 하여, 스님은 봄을, 그것도
돌배꽃 필 때를 즐겨 기다리는 것이다.

　　두곡산방 꽃 가운데 또 빼놓을 수 없는 것이 엉겅퀴꽃이다.

육잠 스님의 엉겅퀴꽃 사랑은 엉뚱하기까지 하다. 오죽했으면 아궁이 벽에다가 엉겅퀴꽃 두 송이, 잎사귀 석 장에 자잘한 가시까지 그려 놓고 화제畵題를 달았을까.

> 엉겅퀴꽃은
> 내촌마을 버부리 할망구
> 얼굴 같고
> 엉겅퀴 잎사귀는
> 내 손등 같고….

스님은 이렇듯 엉겅퀴를 노래했다. 또 한번은 엉겅퀴꽃을 물끄러미 바라보고 있는 딱새 한 마리를 그려 놓았다. 엉겅퀴와 딱새 그림은 배달 온 소포 골판지 이면지에다 군불 때는 부엌에서, 나무꼬챙이로 그렸다. 그림 속 딱새는 곧 스님일 터이다.

"특히 난 엉겅퀴꽃이 좋더라고요. 그래서 그림도 많이 그렸지요. 몇 년 전에 대구 골동품거리를 지나가는데 엉겅퀴꽃이란 이름의 가게가 있어요. 그래서 이름에 이끌려 들어가 본 적도 있었지요. 엉겅퀴는 꽃도 소박하지만 꽃 이름이 참 좋지요. 누가 이름을 지었는지 꽃과 이름이 너무 잘 어울린다 싶어요. 엉겅퀴는 나물로도 해먹잖아요. 봄철에 새순을 뜯어 데쳐서 들

두곡산방 뜰에 핀 엉겅퀴꽃.

깨가루와 무치면 참으로 봄맛이 나지요. 그래서 즐겨 산방 주위, 앞 개울가에 엉겅퀴를 나란히 심었지요. 그런데 한번은 그런 일이 있었어요. 마을 사람들은 엉겅퀴 뿌리를 약으로 쓰는가 보더라고요. 하루는 읍내 일보러 갔다가 오니까 누가 개울가 엉겅퀴를 죄다 파 뒤집어 뿌리째 캐 가버린 거예요. 그 사람은 엉겅퀴가 야생으로 난 것인 줄로 알았던 거겠지요. 얼마나 속이 상하던지…."

봄날, 덕동마을 돌담 아래는 민들레가 앞다퉈 꽃대를 올린다. 청태靑苔 낀 돌담장과 따스한 볕살, 그 아래 핀 민들레를 더하면 그 이상의 봄 풍경을 그려 낼 수 없다. 화려한 꽃에 눈이

129

익은 사람들이야 한낱 길가의 민들레가 무슨 꽃이고, 무슨 풍경이 되겠는가 할 것이다. 오산이다. 스님 말마따나 민들레가 희고 노란 꽃을 피울 즈음이면 꽃도 사람도 반쯤 정신이 나간다.

어느 하루, 스님이 전에 없이 전화로 연락을 해왔다. 담장 밑 민들레가 만개인데, 와서 민들레 사진 한 장 멋지게 찍어 보라는 것이었다. 아랫마을까지 내려와 공중전화로 연락하는 스님의 달뜬 모습이 눈에 선하여 곧장 달려갔다. 수없이 카메라 셔터를 눌렀지만 눈에 보이고, 살갗에 와 닿는, 그런 따사로운 정경은 잡히지 않았다. 두곡산방의 봄은 섣불리 영상으로 담아내거나, 메마른 감성으로 감당할 만한 그런 풍경이 아니라는 것을 인정해야 했다.

비단 돌배꽃, 엉겅퀴꽃, 민들레꽃뿐이랴. 육잠 스님에게 꽃은 살아 있는 기쁨이다. 계절은 꽃으로 해서 바뀌고, 스님은 꽃으로 해서 비로소 살아 있음을 확인한다.

두곡산방에서 꽃은 생명의 축軸이다.

야생초 화원

　두곡산방은 야생초 화원이다. 육잠 스님은 뜰에다 산골 어디에서나 볼 수 있는 온갖 야생화들을 심었다. 마당 귀퉁이에는 한 무더기 억새까지 옮겨 놓았다. 때문에 스님의 화원은 꾸민 듯 전혀 꾸미지 않은 풀밭이다. 도드라지는 것과 보잘것없는 것들의 어울림이 미덕이 되는 것이다.

　스님은 두곡산방을 세우고 사립문 옆에 생강나무 한 그루를 심었다. 생강나무꽃은 가까이 들여다보면 개별의 꽃으로는 실체가 흐릿하여 허망하지만 멀리서 군집群集으로 보는 노란 꽃무리는 화사하기 그지없다. 생강나무는 아직 찬바람이 부는 이른 봄에 그렇게 피듯 마듯 꽃을 피워 내는 것이다.

　스님은 생강나무가 꽃망울을 터뜨리는 것을 보며 그제야 천장에 달아매 두었던 고추씨를 내려 물에 담근다. 봄 농사를 준비할 때임을 짐작하는 것이다. 스님은 시린 겨울을 인고忍苦하며 '그래도 봄은 온다'고 외치는 생강나무꽃을 장하게 여긴다.

녹음이 짙어지고 산속에도 햇살이 따가울 즈음이면, 두곡 산방 뜰에는 찔레꽃이 핀다. 산방 축담 아래는 키 작은 찔레 네 포기가 자리 잡고 있다. 찔레는 희한하게도 옮겨 심은 듯 간격을 맞춰 도열해 있다. 가지도 많이 벌지 않은 찔레는 늦은 봄날 소담스레 꽃을 피운다. 하얀 찔레꽃은 왠지 보는 이로 하여금 처연한 마음이 들게 한다. 그것은 찔레 순을 꺾어 씹던 유년의 기억 때문인지도 모른다. 스님은 찔레꽃이 필 때면 청마루에 앉아 홀로 꽃구경을 즐긴다.

스님이 문득 소쿠리를 들고 사립문 밖을 나서는 것도 이즈음이다. 찔레꽃 봉오리를 따서 찔레꽃차를 만드는 것이다. 꽃이 피기 2, 3일 전, 한껏 부푼 봉오리를 따서 그늘에 말려 둔다. 한겨울 그것을 차로 달여 마시며 지난 봄날을 회상한다.

두곡산방의 여름꽃 중에서 뺄 수 없는 것은 박꽃이다. 여름 밤 달빛 아래 달맞이꽃과 마주보며 피는 꽃이 박꽃이다. 두곡 산방에 박꽃이 피는 밤이면 반딧불이들이 꼬리에 불빛을 깜박이며 날아다닌다. 스님은 저녁에 피는 박꽃을 무척 귀히 여긴다. 미당 서정주 시인은 〈박꽃이 피는 시간〉에서 "하얀하얀 박꽃은 울 어머니 꽃 / 해질 무렵 어머니가 잘 아시던 꽃"이라며 박꽃을 어머니 꽃이라고 노래했다.

여름날 두곡산방 장독대 앞 만개한 나리꽃에 범나비가 앉아 꿀을 빨고 있다.

맑고 소담한 박꽃은 스님에게도 어머니에 대한 기억이자, 어머니의 꽃이기도 하다. 언제나 조용한 걸음으로 말없이 집안 일을 꾸려 나가시던 그 어머니…. 스님은 어머니의 꽃, 박꽃의 소박한 맑음에 끌려 "돌담 위에 박이 주렁주렁 열리면 달빛도 맑아라"라고 노래했다. 더할 것도 뺄 것도 없는 빈자貧者의 꽃, 박꽃으로 하여 두곡산방의 여름은 되레 풍성해진다.

나리꽃은 덕동마을의 산자락, 길가 어디서나 만날 수 있는 꽃이다. 늘 가까이 있기 때문인지 몰라도 스님은 나리꽃에 남다른 애정을 갖고 있다. 이곳 나리는 모두 참나리다. 나리꽃이 피면 범나비들이 몰려들어 여름 정취를 한결 그윽하게 한다.

133

야생화가 무리 지어 피어 있는 두곡산방 여름 뜰. 육잠 스님이 옮겨 심은
야생초들은 꽃인 듯 풀인 듯 초봄부터 늦가을까지 갖가지 꽃을 피워 올린다.

어느 꽃인들 그렇지 않겠나마는, 나리꽃은 질 때 철저히 부스러진다. 통꽃으로 보이는 꽃잎은 떨어질 때 여직 생기를 머금은 채 낱낱이 흩어지는 것이다. 그 낙화는 꽃의 조락이기도 하거니와, 여름의 몰락이기도 하여 못내 처참한 광경이다. 한 송이 꽃도 이렇듯 깨끗이 산화하는데, 하물며 사람에서랴! 나리꽃의 미덕.

참나리 마른 대궁이가 바람에 흔들릴 즈음이면 취나물꽃도 시들어 간다. 스러지는 여름꽃들의 서운함을 메워 주는 것은 용담꽃이다. 아침저녁 꽤 차가운 기운이 감돌면 용담이 배배 꼬인 꽃봉오리를 푼다. 마당 한편 서너 포기 삐죽 솟은 용담은 그동안 있는 둥 만 둥이었다. 갈색 꽃받침에 덮여 있어 쉬이 눈에 띄지 않는 탓이다. 용담은 어느 날 아침, 곧추세운 대궁이 꼭대기마다 한 송이씩 폭죽을 터뜨리듯 맑은 군청빛 꽃망울을 터뜨린다. 용담은 나팔꽃같이 밤에는 꽃봉오리를 오므린다. 밤사이 뚝 떨어지는 기온을 견뎌야 하기에 꽃봉오리 둘레 작은 잎들을 외투 깃처럼 세우는 것이다. 아침햇살이 달궈지면 비로소 다섯 장 통꽃잎을 열어 가을의 정취를 뿜어낸다. 용담꽃이 활짝 열리면 스님은 축담에 앉아 가을꽃이 내뿜는 잔향을 가만히 음미한다.

"어느 가을, 하루는 서울 간송미술관에 전시회를 보러 갔지

가을날 아침 햇살이 따사로워지면서 스님 뜰의 용담꽃이
폭죽처럼 꽃잎을 펼치고 있다.

요. 가는 길 중간 〈최순우 옛집〉이 있어요. 내가 평소 혜곡兮谷 최
순우崔淳雨 선생 글을 좋아한 터라 일부러 그곳을 들렀겠지요.
집 안을 둘러보는데, 혜곡 선생이 기거하던 방문 앞에 '杜門卽
是深山'(두문즉시심산—문을 닫은즉 깊은 산)이란 편액이 있어
요. 그 편액을 보는 순간 언젠가 읽었던 혜곡 선생의 글 한 구절
이 떠올라요. 선생은 강원도 오대산에 갔다가 그곳에 핀 용담
꽃을 봤다면서 '산골에 핀 용담꽃을 각별히 좋아한다'고 적었
지요. 서울 볼일을 마치고 돌아오니 마침 토굴 마당에 용담꽃
이 한창이더라고요. 그래서 자잘한 용담꽃 씨를 받아 〈최순우

옛집〉에 우편으로 부친 적이 있지요. 용담꽃 씨를 보내게 된 사연을 쓴 편지글과 함께···. 혹시 그곳 어디에 용담이 심겨 있는지 모르겠어요.”

스님은 용담꽃을 볼 때마다 혜곡 선생 집 마당에도 용담이 꽃을 피우는지 궁금하다.

찬 서리가 내리고 쑥부쟁이 잎이 맥없이 처질 즈음이면 산중에도 꽃이 귀해진다. 이때 방향을 내뿜는 꽃이 감국이다. 노란 감국은 산방 돌담장 사이 지천으로 피는 꽃이다. 스님은 감국이 한창일 때 꽃봉오리를 따서 국화차를 만든다. 눈 오는 날 설창雪窓에 기대어 그윽한 향기를 음미하면서 지난 가을을 붙잡아 보는 것이다. 이로써 꽃의 계절은 막을 내린다. 스님은 그 끝남을 이렇게 노래했다.

“서리가 내린다. 본래로 돌아간다. 아, 피고 지는 것이 어찌 꽃뿐이랴!”

당나라 때 도연명은 “채국동리하採菊東籬下 유연견남산悠然見南山”(동쪽 울 아래 국화를 꺾어 그윽이 남산을 바라본다)이라고 노래했다. 석양빛이 이울면서 스님은 자주 마루 끝에 앉아 시든 뜰을 바라본다. 그런 스님 모습에서 망연히 앉아 남산을 바라보는 그 옛날 시인의 심사가 읽힌다. 그 즈음이면 마른 억새 풀이 찬바람에 몸을 구부린다.

무서리에 초목이 시들지만 스님의 꽃잔치는 이것이 끝이 아니다. 스님은 뜰의 풀들이 모두 깡마른 줄기가 되어 한겨울 눈 속에 묻힐 때까지 즐긴다. 찬바람이 부는 계절, 빈 밭둑 모서리 바람에 서걱거리는 마른 풀에 시선을 던지는 스님을 보노라면 마음은 절로 황량해진다. 그 황량함 속에 자락自樂하는 〈빈자貧者의 미학美學〉이 배어난다.

세상은 꽃으로 아름다워지고, 그 아름다움은 이 땅의 참 생명을 기른다. 그렇다고 그 꽃이 하나같이 장미, 백합일 리는 없다. 산방 돌담길 아래 들국화 한 송이, 마당 끝 마른 강아지풀 한 줄기가 스님의 산중 재산이 되는 곳, 그곳이 두곡산방이다.

두곡산방 야생초 화원은 늘 소소한 아름다움으로 피어난다.

우리 집 꽃밭

우리 집 꽃밭에 제일 먼저 생강나무꽃 핀다 할미꽃 핀다 민들레꽃 핀다
민들레 꽃씨가 바람에 날리면 진달래꽃 핀다 진달래꽃 피면 화전놀이도 한다
제비꽃 핀다 양지꽃 핀다 이제부터는 꽃이 막 핀다 솜방망이꽃 살구꽃
복사꽃 현호색 꽃다지 앵두꽃 조팝나무꽃 골담초꽃 나이가 제일 많은
돌배나무 — 배꽃이 피면은 온 동네가 환하다 月窓을 열어 梨花에
月白도 한다 송화가루 날린다 송화가루 받아서 다식도 만든다 아그배꽃
핀다 기린초꽃 핀다 오동나무꽃 핀다 오동나무 가지 속에서 소쩍새 운다
모란이 핀다 함박꽃 핀다 둥글레꽃 핀다 붓처럼 생긴 붓꽃 핀다 열매가
취똥처럼 생긴 취똥나무꽃 핀다 으아리꽃 핀다 찔레꽃 핀다 '찔레꽃'
노래를 잘 하던 사람이   생각난다 다리 옆에
고광나무꽃 핀다 저녁 바람에   불어오는 그 향기란……
꿀풀꽃 핀다 산수국이 핀다   싸리꽃 핀다 엉겅퀴꽃
핀다 엉겅퀴꽃 잎은 우리 동네   죽은 손영감 손등 같다
방초꽃 핀다 망초 앙초 개망초   패랭이꽃 핀다 동자꽃 핀다
나리꽃 핀다 나리꽃 밑에   개구리가 숨어 있다 뱀무꽃
핀다 질산나물꽃 핀다 쑥갓이 핀다 칡꽃 핀다 메꽃 핀다 도라지꽃 핀다
도라지꽃 진 자리마다 잠자리가 까불거린다 깨꽃 핀다 콩밭에 붉은 콩꽃도
핀다 호박꽃 핀다 박꽃 핀다 박꽃은 임길택 선생이 참 좋아 했었지 밭둑
가로 박이 주렁주렁 열리면 달빛도 맑아라 달빛 속에 달맞이꽃 핀다
산 넘어서 선들선들 가을 바람이 불어 온다 강냉이가 익는다 개울가에
구릿대꽃 핀다 메밀꽃 핀다 달밤에 하얀 메밀꽃을 누가 보았는가!
이질풀꽃 핀다 쑥부쟁이꽃 핀다 구절초꽃 핀다 너무 맑아서 슬픈 꽃이다
산국이 핀다 꽃을 따서 국화차도 만든다 용담꽃 핀다 강아지 풀이 고개 숙인다
어디서 자잘한 것들이 숨어 핀다 씨앗이 여문다 서리가 내린다 본래로 돌아
간다 아! 피고 지는 것이 어찌 꽃뿐이랴   최정애 님께 해광 합장

육잠 스님이 육필로 쓴 시 〈우리집 꽃밭〉.

140

두 그루 나무

腸斷春江欲盡頭 杖藜徐步立芳洲
顚狂柳絮隨風去 輕薄桃花逐水流
강가 봄날이 다하는 게 애달파
지팡이에 기대어 모래섬에 서고 보니
버들가지는 바람 따라 미친 듯 흩날리고
하늘하늘 복숭아꽃 물을 쫓아 흐르네

두보는 〈만흥〉이란 시에서 버들가지가 바람 따라 미친 듯
이 흩날린다고 봄의 정취를 읊고 있다. 예로부터 봄을 노래할
때 빠지지 않는 풍정이 버들이고, 미인을 비유할 때 먼저 빗대
는 것이 버들이다. 시인묵객은 수양버들을 가까이 두고 '봄 미
인' 보듯 아꼈다.
두곡산방 사립문 앞 개울가에는 왕버들 한 그루가 서 있다.

산방 앞개울가의 한 그루 왕버들.
육잠 스님이 가을날 거름을 져 나르다가 왕버들 둥치에 지게를 기대어 놓았다.

심은 지 20여 년밖에 되지 않았지만 몸피가 한 아름이 넉넉하고, 치뻗은 가지도 작은 정자나무 노릇은 함 직하다. 용비늘 껍질에 이끼 긴 자태는 50년 수령은 족히 되어 보인다.

육잠 스님은 두곡산방을 짓고 이 나무를 심었다. 설마 두보의 시 속 '봄 미인'에 감응하여 심은 것일 리야. 스님은 젊은 시절 당나라 시인 맹호연孟浩然의 글을 읽은 적이 있다. 그 가운데 "내가 부러운 게 없었는데 집 마당 앞에 수양버들 한가로이 흔들리는 모습을 보고 부러웠다"는 구절을 보고 마음이 일렁였다. 스님은 그 고아한 정취를 부러워하여 수양버들을 심으려고 했으나 그해 봄, 끝내 구할 수 없었다. 아쉬우나마 왕버들 한 그루로 대신했다.

헌걸찬 왕버들은 이른 봄부터 초록 갈기를 흩날리고, 여름이면 온 산골 매미를 불러 모은다. 가을에도 늦게까지 푸른 잎을 달고, 겨울이면 희고 푸른 이끼로 몸단장을 한다. 계절에 한 발 앞서 옷을 갈아입는 왕버들의 변신. 풍외암 남창을 통해 건너다보는 풍경은 언제 봐도 질리지 않는다.

두곡산방 앞개울 건너 왕버들 나무 밑. 그곳은 종일토록 햇볕이 들지 않아 솜털 같은 이끼가 두툼하게 덮였다. 연둣빛 이끼 양탄자 위에는 통나무 의자가 하나 놓여 있다. 스님이 통나무 한쪽 면을 깎고, 다리를 박아 만들었다. 한여름 더위에도 왕버들 밑 의자에 앉으면, 문득 시 한 수쯤 나올 성싶다.

또 하나, 두곡산방을 풍요롭게 하는 나무는 호두나무다. 산방 마당을 들어서면 풍외암 뒤편에 있는 아름드리 호두나무 한 그루가 먼저 눈에 띈다. 호두나무는 이두박근이 불거진 두 팔을 하늘을 향해 활짝 펼치고 있다. 그 위풍당당한 모습을 보면 저절로 기가 질릴 지경이다. 하기야 호두나무의 '잘난 체'는 본디 말리지 못할 정도니까. 말하자면 배타성이 무척 강한 나무인 것이다.

학자들은 호두나무는 나무들 가운데서도 타감작용他感作用*을 하는 식물로 유명하다고 한다. 호두나무는 잎과 껍질에서 〈주글론juglone〉이라는 화학물질을 많이 방출한다. 이 물질이 빗물에 씻겨 땅에 떨어지면 주변 다른 식물들이 잘 자라지 못한다. 예로부터 밭둑가에는 호두나무를 잘 심지 않는 이유가 거기에 있다. 그런 탓인지 호두나무 아래서는 잡풀들을 볼 수 없다. 다만 초록 이끼만 땅을 뒤덮고 있다. 주변을 말끔히 물리쳐 버린 호두나무는 사람조차 범접을 거절하듯 저 홀로 당당하다.

그래도 여름이면 무성한 잎으로 두터운 그늘을 드리워 그

---

* 식물류에서 고유의 화학물질을 생성, 분비하여 주변 다른 생물의 생존을 방해하거나 성장을 억제하는 작용.

한 그루 호두나무가 양팔을 하늘을 향해 펼치고 있다.

개울가 왕버들 옆에 세워 둔 〈룽다〉가 희미한 바람에 나부끼고 있다.
스님은 한순간도 쉬지 않고 나부끼는 〈룽다〉에서 쉼 없는 생명의 기미를 느낀다.

아래 너럭바위에 걸터앉으면 청량감에 등줄기가 서늘해진다.
어쩌면 스트레스를 받으면 아스피린 성분까지 내뿜는다는 호
두나무가 머리를 한결 맑게 해준 때문인지도 모른다.

　고고한 호두나무지만 청설모와 어치에게는 더 없는 먹이창
고이자 놀이터다. 호두가 익기 시작하면 산중의 다람쥐, 청설
모가 모두 몰려들어 판을 벌인다. 이들 잔치판에 어치도 제 몫
이 있기라도 한 양, 가지에 매달려 시끄럽게 소리 지른다. 청설

스님이 가을날 바람에 떨어진 호두를 주워 장독 위에 올려 뒀다.

모 한 마리가 많게는 1년간 1만 개의 호두를 숨기기도 한다니, 한 그루 호두나무에서 열리는 것쯤이야 한두 마리의 겨울 한 철 먹이도 모자랄 터이다.

스님이 덕동마을에 자리 잡은 첫해 가을, 청설모로부터 호두를 지켜 보겠다고 나무 밑둥치에 양철판을 둘러쳤다. 이만하면 호두를 좀 얻어먹겠거니 했는데 웬걸, 돌아서자마자 청설모가 그 높은 양철판을 폴짝 뛰어넘어 호두나무를 기어오르는 것이 아닌가.

스님은 청설모의 극성을 보고는 일찌감치 호두를 포기했다. 청설모와 어치가 훑고 간 다음, 그저 겨울철 뒤늦게 떨어지는 이삭 알 줍는 정도가 스님 호두 수확의 전부이다. 감나무에

까치밥을 남기듯, 청설모가 스님을 위해 몇 알 남겨 놓는 것이 두곡산방의 호두 배분법이다. 호두나무 입장에서는 청설모의 횡포가 훨씬 마음에 들 것이다. 그렇게 함으로써 호두나무는 덕동마을 터주로서 더욱 위세를 부리게 될 터이다.

산방 앞개울 왕버들 가지는 희미한 바람에도 쉬지 않고 흩날린다. 흩날리는 것은 굳이 봄날만을 노래하지 않는다.

풍외암 뒤 호두나무는 저 홀로 존엄하다. 그 위력으로 호두나무는 숲속 곳곳에 씨앗을 뿌려 자신의 자손을 퍼뜨리며, 은밀히 세력을 확장해 나갈 것이다.

이들 왕버들과 호두나무는 생명 있는 것들은 쉼 없이 움직여 살아 있음을 일깨운다. 그리하여 살아 있는 것은 멈추지 않음을 노래한다. 덕동은 왕성한 나무와 숲, 그리고 생명의 세계임을 알겠다.

다비목

두곡산방 동창東窓 모퉁이는 바람길이 지난다. 그곳은 돌배나무 밑이라 여름에는 땀 식히기 좋고, 양지바른 곳이라 겨울에는 볕바라기 하기에 맞춤하다. 이곳은 땔나무 장작을 패는 버덩이기도 하다. 살아생전 두곡산방을 즐겨 찾았던 임길택 선생은 스님이 가진 것 중에 가장 부러운 것이 바로 이 버덩이라고 했다.

늙은 배나무 밑
달빛 한 줌
먼데바라기 하던 스님 눈길
살며시 거두어들이던 곳
늙은 배나무 밑 달빛 한 줌*

---

* 임길택 유고집 《똥 누고 가는 새》 중 〈달빛 한 줌〉.

한 편의 시가 된 육잠 스님의 버덩에는 해묵은 장작이 가지런히 쟁여 있다. 고사한 낙엽송을 베어다가 자잘하게 쪼갠 장작은 이미 묵색이 되어 버렸다. 한 길 넘게 빼곡히 쌓아올린 장작더미는, 역시 낙엽송으로 기둥을 세우고, 위에 함석지붕을 덮었다. 산중살림에 장작더미야 당연하지 않겠냐마는 유난스러운 것은 장작을 쟁여 놓은 기둥에 손바닥만 한 명판名板을 달아 뒀다는 것이다.

〈茶毘木〉(다비목). 사전풀이를 하자면, 스님들이 죽어 시신을 화장할 때 쓰는 장작을 다비목이라 한다. 스님이 입적入寂하면 육신을 불사르도록 마련해 둔 나무일 터이다.

'아직 원기 왕성한 스님이 이렇듯 죽은 후 육신을 불사를 다비목을 왜…?'

두곡산방을 찾는 객은 누구나 고개를 갸웃거리는데, 육잠 스님은 법주사 강원講院 도반 스님한테 들은 이야기 한 자락을 들려줬다.

"속리산 골짜기 곳곳에는 암자들이 들어서 있지요. 눈이 많이 온 어느 해 한겨울이었다고 해요. 산을 타던 한 등산객이 목이 말랐던가 봐요. 물을 얻어 마시러 산속의 한 외딴 암자에 들렀더랍니다. 등산객은 마당에서 '스님, 스님' 몇 번을 불렀지만 암자에서 아무런 인기척이 없더래요. 이상히 여겨 방문을 열어

묵색으로 변한 다비목 명판.

봤더니, 방 안에는 노스님이 반듯이 누운 채 죽어 있더라는 겁
니다. 눈이 많이 온 겨울이고, 오가는 사람이 없으니, 혼자 계시
던 노스님이 언제 돌아가신지 알 수도 없었겠지요. 노스님 입
적 소식이 큰절에 알려지고, 학인 스님들이 너덧이 올라갔던가
봐요. 그런데 그 추운 겨울에 암자에는 땔나무 한 토막이 없더
래요. 할 수 없이 스님들이 생나무를 베어다가 다비를 했는데,
처참하기가 차마 이를 데가 없었다고 해요. 생나무로 시신을
태우니 옳게 탈 리가 있었겠어요. 다비를 하다가 도저히 안 돼
다시 내려와 기름을 가져가서 끼얹어 근근이 마쳤다니 이루 말
할 수가 없겠지요. 그때 다비를 하고 온 스님들이 몸서리를 치

면서 모두가 며칠간 밥을 입에도 못 댔다고 그래요. 이야기를 듣고 충분히 있을 법한 일이구나 싶었어요. 불제자는 누구나 마찬가지겠지만, 특히 혼자 사는 중은 늘 오늘이 마지막이라는 마음으로 살아야 한다고 생각해요. 이 산골에서 내가 죽으면 그 뒤처리도 온전히 내 몫인 거지요. 살아 있는 사람에게 짐을 지워서는 안 되겠지요."

스님은 산중에 혼자 생활하기 시작하면서부터 도반이 해준 이야기를 예사롭게 흘려버릴 수가 없었다고 했다.

불가에서는 흔히 말한다. '죽음이 곧 문 앞'이라고. 선방에서 참선하는 것도 죽음을 예비하는 것이라고 한다. 숨탄것들은 모두 제 안에 죽음을 품고 있는 것이다. 사람들은 스스로를 기망欺罔하여 이 만고의 진리를 애서 외면하려고 하지만 스님은 언제나 '삶의 갈피에 끼인 죽음'을 놓치지 않아야 한다고 말한다. 숨탄것들 모두는 '죽음'의 지점에서 되돌아볼 때 비로소 '생'은 더없이 소중한 시간이 될 터이다. 스님은 그것을 놓치지 않는 것이 수행자의 지극한 도리라고 말한다.

'생명의 유한성', 즉 '시간의 한계'를 자각함으로써 살아 있는 동안 절대 시간의 확인. 다비목은 깨어 있는 삶의 자세, 곧 그 각성의 죽비인 것이다.

《숫타니파타》에서 부처님은 말한다. 죽기 전에 망령된 집

다비목은 절집에서 스님들이 죽으면 화장하는 장작이지만
육잠 스님은 "혼자 사는 중의 죽음의 예비"로 다비목을 쟁여 두고 있다.

착을 버리고, 과거에 얽매이지 않으며, 현재에도 부질없이 생
각하지 않는다면 그는 미래에 대해서도 별로 걱정할 것이 없다
고 했다. 이는 곧 이것과 저것을 말하는 분별심分別心을 버려야
비로소 미망에서 깨어날 수 있다는 깨우침일 것이다. 삶과 죽
음, 그 분별심….

　　스님은 말을 아끼지만, 〈다비목〉은 말 없는 말로 일러준다.
누구나 돌배나무 아래 쟁여진 다비목을 보면 새삼 죽음을 향해
질주하는 생을 깨닫게 된다. 그리고 이 자각의 끈을 놓지 않고
매 순간 결연한 자세로 살아야 한다는 것도 알게 된다.

옛 선사는 '즉시현금卽時現金'이라고 했다. 말 그대로 '지금 이 순간을 살라'는 것. 지금 여기를 사는 사람이 내일 저기에 현혹된다면 현재를 잃고 만다는 가르침인 것이다. '오늘이 내 생의 마지막 날!'

봄날, 버덩의 다비목 위로 드리워진 복사꽃이 화사하다. 다비목은 스님이 이승에서 남길 유산이다.

덕구

덕구는 육잠 스님이 키우던 흰둥이 진돗개다.

집짐승은 그 주인을 닮는다고 했던가. 덕구는 사람을 보고 함부로 짖거나, 방정맞게 급히 내닫지 않는다. 덕구는 언제나 턱을 앞발에 올린 채 멀리 앞산을 건너다보든가, 뜰에서 장난질하는 새들을 무심히 서서 바라보곤 할 뿐이다. 짖거나 내닫지도 않는 녀석을 개라고 할 수 있는지 모르겠지만, 덕구는 언제나 점잖은 면모를 잃지 않았다. 그 모습을 보고 이름값 하는구나 싶어 스님한테 물었다.

"스님, 어짊을 구해 내생來生에는 귀한 몸을 받으라고 '어질 덕惠'에 '구할 구求' 자, 덕구로 이름 지어 줬습니까?"

"그럴 리가요. 하긴 김원룡 박사 글에 보면 피란시절 부산 사람들이 개를 '독구'라고 부르는 것을 보고 개집을 만들어 '김 덕구'라고 이름 지어 줬다는 이야기가 나오지요. 우리 집 덕구

두곡산방에 온 강아지 덕구.

는 덕동에 사는 개라고 해서 그렇게 지어 줬지요. 뭐 개 이름을 그렇게까지 대단하게 지을 것이야…."

"조주 선사는 개가 불성佛性이 있다고도, 없다고도 말했다고 하지요. 그래서 덕구도 그런 선사의 일화를 염두에 두고 작명 했나 싶기도 했습니다."

"옛 조사가 개를 두고 불성을 이야기했다고들 하지요. 그러나 개를 이야기하는 것은, 달을 가리키는데 손가락을 쳐다본다는 것과 같은 말이 되겠지요. 개한테 불성이 있으면 어떻고 없으면 어떻습니까. 두두물물頭頭物物 다 부처라 했는데…."

덕구는 적적한 산중에 스님 말동무라도 하라고 가끔 들르는 지인이 젖을 갓 뗀 녀석을 데리고 왔다. 말하자면 덕구는 아직 귀도 서기 전에 동진童眞출가(?)하여 두곡산방으로 온 셈이다. 똘망똘망한 눈에 털이 복슬복슬하여 보는 사람마다 귀엽다고 안고 쓰다듬어 줬다. 특히 작달막한 앞다리가 딱 벌어지고, 코끝에는 늘 윤기가 흘렀다. 누가 봐도 사랑스럽고 건강한 모습이었다. 덕구는 산방에 오는 날부터 스님 발뒤꿈치를 쫄쫄 따라다니며 재롱을 떨었다. 스님은 공양 때면 늘 발우 밥을 들어내 따로 덕구 밥을 말아 줬다.

수컷이어서 그런지 덕구는 아무나 잘 따랐다. 낯선 사람일지라도 손바닥을 내밀면 냉큼 사타구니로 파고들며 안겼다. 방문객이 와운굴에 올라갈 때면 녀석이 앞장서서 쫄래쫄래 길안내를 했다.

덕구 덩치가 좀 커지자 스님은 돌배나무 아래 버덩에다 덕구 집을 마련해 줬다. 나무판자로 집을 만들어 안에다 담요를 깔고 〈덕구집〉이란 문패도 만들어 달았다. 개집 앞에다 말뚝을 박아 목줄을 매뒀지만, 그것은 구색일 뿐 덕구가 고리에 걸려 있는 때는 거의 없었다.

장마 중에 오늘 모처럼 날이 맑아 일찍 저녁을 먹고 개집 주변을 어정거리고 있다. 이 넉넉한 한가로움. 아무것도 가진 게 없는 우리 집 개 덕구. 인간에 비해 개는 얼마나 홀가분한가. 개에 딸린 물건이라고는 개 밥그릇과 물그릇뿐, 아무런 소유물이 없다. 텅 빈 집에 눕거나 앉거나 졸거나 잘 뿐. 개의 행行, 주住, 좌坐, 와臥가 여여如如하다.*

스님은 덕구를 이처럼 수행의 반려처럼 듬직하게 여겼다.

덕구는 두곡산방에 온 지 반 년이 지나자 귀는 쫑긋 서고, 허리도 늘씬해졌다. 어느새 늠름한 백구로 변신했다. 덩치가 커지고부터 덕구는 혼자서 윗토굴, 와운굴까지 혼자 다녀올 정도로 활동 반경을 넓혔다. 수컷이라 뭐가 달라도 다르구나 싶었다. 급기야 나중에는 친구를 찾아 아랫마을까지 나들이하기 시작했다. 아무래도 토굴에서 종일 참선(?)하기보다는 친구들과 어울려 노는 게 더 재미있었던 모양이다. 그렇게 싸돌아다니며 가끔 외박도 하더니, 1년이 지난 즈음에는 끝내 집으로 돌아오지 않았다.

육잠 스님은 몇날 며칠을 두고 덕구를 부르며 찾아다녔다. 숲속을 뒤지고, 아랫마을로 내려가 수소문해 보았지만, 흔적조차 찾을 수 없었다. 결국 스님은 찾기를 포기하고 스스로 위안했다.

---

* 육잠 스님이 《글과 그림》에 덕구에 대해 기고한 글의 일부.

스님이 만들어 준 '덕구집'. 그러나
덕구는 비린 것 없는 스님 밥이 싫은지
1년여 만에 집을 나가 버리고
덕구집은 덩그러니 빈집으로 남았다.

'이 녀석이 돌아다니며 비린 것을 맛보고는 중 밥 먹기 싫어 떠나 버린 것이겠지…. 어디서든 무탈하면 다행이고….'

스님은 무심한 듯하지만, 흐려지는 말꼬리에는 섭섭함과 애잔함이 잔뜩 배어난다. 두곡산방 빈 개집에는 '공空'만 머무르고 있다.

스님과 소

육잠 스님은 두곡산방에 살면서 두 번에 걸쳐 소를 키웠다.

산방을 세운 이듬해 봄 암소 한 마리를 샀다. 맨손으로 산중 밭을 일구자니 너무 힘에 부쳤다. 스님은 아랫집 손 처사를 앞세워 읍내 우시장에 나가 큰 암소를 한 마리 들였다.

소를 사온 이튿날, 스님은 멍에를 얹고 밭갈이에 나섰다. 입산하기 전 이미 쟁기질을 해본 터라 그리 어려운 일은 아니었다. 그러나 소는 도무지 쟁기질을 할 줄 몰랐다. 이미 놓여나 자란 소라 고삐를 치면 온 밭을 천방지축 날뛰고, 고삐를 당기면 밭에 너부죽이 퍼질고 앉아 당최 일어날 생각을 하지 않았다. 스님은 도저히 감당할 수가 없었다. 도리 없이 손 처사한테 소를 길들여 달라고 맡겼다. 손 처사도 온종일 소와 씨름하더니 쟁기 날만 부러뜨리고는 나가떨어져 버렸다. 애초 농사소로서는 글렀다는 것이었다.

스님은 '에라, 어차피 너란 녀석은 먹고 놀 팔자인가 보다'
고 생각하고 외양간에 들여 두고 동무 삼아 지내기로 했다. 봄
날에는 풋꼴을 베어다 죽을 쑤어 주고, 여름이면 뒷산에 올라
소꼴을 뜯기며 한더위를 잊었다.

특히 여름날 소꼴 먹일 철이면 외양간 말괄량이 암소가 먼
저 몸부림이 났다. 거기다 소꼴 먹이기에는 손 처사네 둘째 아
들 현수도 말괄량이 암소 엉덩이춤 못지않게 열성이었다. 초등
학교 다니는 현수는 여름방학 내내 한낮 더위가 한풀 꺾이면
"스님, 소 먹이러 가요!"라면서 소를 몰고 산방 사립문간에 나
타났다. 그럴라 치면 스님은 늘 하듯 창고에서 바지게를 꺼내 지
게에 얹고, 낫과 늘 가져가는 꾸러미를 챙겨 산으로 올랐다.

여름이면 덕동 뒷산은 풀이 무성하게 우거져 소는 고삐를
풀어 두면 스스로 알아서 쉬엄쉬엄 풀을 뜯었다. 그동안 스님
은 겨울에 먹일 풀을 한 지게가 되도록 벤다. 스님의 지게가 그
득해지고 해가 뉘엿해질 즈음이면, 현수는 스님이 챙겨온 꾸러
미를 푸는 게 일과. 꾸러미에는 냄비와 대접 둘, 라면 두 봉지와
고체연료 한 통, 그리고 물 한 통이 준비되어 있다. 스님과 현수
는 언제나 라면을 끓여, 해가 저물어 가는 여름 숲속 묘지의 잔
디밭 상석에 올려놓고, 맛깔 나는 새참 공양을 하는 것이다.

그렇게 라면 끓여 먹는 맛에 재미 들인 현수는 여름방학 내

내 스님한테 소 먹이러 가자며 앞장섰다. 그러다 한번은 라면 새참에 빠져 낭패를 겪기도 했다. 그날도 여느 때와 같이 석양 무렵 둘이서 라면을 끓여 먹었다. 스님이 꾸러미를 챙기는 동안 현수는 풀어 놓은 소를 몰러 갔다. 마을로 내려갈 준비를 마쳤는데도 현수가 오지 않았다. 제법 시간이 지난 후 산 능선 쪽에서 부르는 소리가 들렸다. 스님은 무슨 일인가 하고 서둘러 갔더니, 자기 집 소가 어디로 갔는지 보이지 않는다며 울상이었다. 스님과 현수는 근처를 샅샅이 뒤졌지만 소를 찾을 수 없었다. 산속에는 이내 어둠이 짙어져 왔다. 할 수 없이 스님 소만 끌고 돌아와 매어 두고, 손 처사 식구들과 함께 다시 소를 찾아 나섰다. 랜턴 불빛에 의지해 밤이 이슥토록 숲을 뒤졌지만 소는 보이지 않았다. 밤이 깊어 모두 산을 내려와 다음 날 찾기로 했다.

이튿날 새벽부터 스님과 손 처사네 가족들은 다시 온 산을 뒤졌다. 어제 소 먹인 곳은 물론 능선을 넘어 옆 마을 뒷산까지 내려갔다. 산에서 나는 소란스런 소리를 듣고 산밭에서 일하던 이웃 마을 사람이 소리쳐 불렀다. 농부는 새벽 들판을 나서다가 마을에 낯선 암소가 한 마리 들어와 매어 뒀다고 일러 줬다. 그렇게 여름날 소꼴을 뜯다가 혼쭐이 나기도 했다.

말괄량이 암소는 3년을 스님과 같이 살면서 새끼 두 배를

산밭 쟁기질을 시키려고 산 암소가 도통 쟁기질을 할 줄 모르자
스님은 암소를 친구 삼아 데리고 있기로 했다.
어느 여름날 오후 스님이 암소에게 풀을 뜯긴 후 산길을 내려가고 있다.

낳았다. 암소가 해준 뜻밖의 시주는 스님 살림에 적잖이 보탬이 되었다. 그러나 유일한 이웃이던 손 처사 가족이 덕동을 떠나고부터는 암소가 애물단지가 되어 버렸다. 간혹 산 밖을 나갈 일이 있어도 소 때문에 꼼짝할 수 없었던 것이다. 도리 없이 소를 산 아래로 내려보내야만 했다.

그 후 소 없이 몇 년을 지냈다. 그러던 어느 날 책을 보는데, 조선시대 묵암 선사 게송偈頌이 스님의 마음 한 자락을 움켜잡았다.

소똥 불 헤치며 감자 구워 먹는 맛
왕사王師니 국사國師니 내 알 바 아니네.
게을러 콧물도 못 닦는 주제
도道를 어이 알 턱 있나 묻지를 말게.

스님은 도를 통한 대선사도 소를 키웠나 싶어 반가웠다. 그러면서 슬그머니 소를 기르던 옛 시절이 그리워졌다. 소 키우던 때의 성가신 일은 까맣게 잊고 즐겁던 기억들만 떠오르는 것이었다.

그때 마침 아랫마을 한 농가에서 송아지를 20만 원에 판다고 내놨다. 산 아래 마을은 IMF 구제금융 사태가 터져 세상이 뒤엎어져 있었다. 송아지 한 마리에 120만 원 하던 것이, 큰 소 한 마리도 50만 원이면 살 수 있을 만큼 소 값이 폭락했다. 스님은 헐한 맛에 '소똥 불에 감자를 구워 먹으려고' 다시 소를 한 마리 들였다. 적적한 산중생활에 서로 의지가 될 수도 있고, 살림에 보탬이 될 수도 있겠다는 생각이 먼저 든 것이다.

늘 그렇듯 소 키우기가 즐거운 농사만은 아니었다. 한번은 한밤중에 소가 무엇에 놀랐는지 잠을 들지 못했다. 밤이 깊도록 소는 워낭소리를 딸랑거리며 나부댔다. 워낭소리에 잠이 깬 스님도 뒤척이다 못해 자리를 털고 일어나 소고삐를 풀어 쥐고 사립문을 나섰다. 달빛 고운 봄밤, 스님과 소는 서로 동무가 되어 밤이슬을 맞으며 동네 고샅이며 산기슭을 어슬렁어슬렁 걸었다. 스님과 소는 이심전심이 된 것이다.

그해 겨울, 지인이 두곡산방을 찾아왔다. 그는 가야산 해인사 근처에 사는 친구를 찾아가는 길이라며 스님한테 동행할 것을 권했다. 스님은 딱히 급한 일이 없는 겨울인지라 선뜻 길을 따라나섰다.

두곡산방은 가야산 뒤 꼭지를 쳐다보고 앉았지만, 해인사는 차를 타고 둘러서 가야 한다. 그러자면 서둘러야 하루해 동안에 다녀올 수 있는 거리다. 두 사람은 새벽같이 나섰다.

길을 나설 때부터 하늘이 좀 찌무룩했다. 심상찮다 싶더니

만 해인사에 당도할 즈음부터 하늘에서 눈발이 날리기 시작했다. 친구를 만나 점심을 먹고 나오자 온 천지는 하얀 눈으로 뒤덮인 후였다. 스님은 그렇게 쏟아지는 눈 속에 이틀 동안 꼼짝없이 발이 묶여 버렸다.

굶고 있을 소 걱정에 스님은 밤 동안 한숨 잠도 들일 수 없었다. 사흘째 아침, 그간 내린 눈으로 하늘과 땅은 경계조차 지워져 버렸다. 스님은 아침 공양도 마다하고 길을 나섰다. 동행한테는 만약 오늘 중으로 연락이 없으면 무슨 일이 난 것으로 알라 하고, 수도산 단지봉을 어림잡아 걷기 시작했다.

눈이 허벅지까지 빠지는 길도 없는 산을 온몸으로 기어올라, 험한 가야산 봉우리 둘을 꼬박 다섯 시간에 걸쳐 구르고 뒹굴며 넘었다. 두곡산방 아랫마을 내촌마을에 도착했을 때는 기진맥진이었다. 그러나 마음은 한시가 급해 지인에게 전화를 넣고 한걸음에 산방으로 달려갔다. 스님을 본 소는 반가움 반, 서러움 반에 목을 빼고 길게 울음을 울었다. 구유에 여물을 썰어 붓고 물을 길어다 주는 내내 스님도 목이 메었다.

소똥 불에 감자나 구워 먹으려다가 호되게 마음고생을 한 것이다. 스님은 봄이 들자마자 소를 마을로 내려보냈다. 짐승한테 못할 짓이어서 스님은 다시는 소를 키우지 않기로 했다. 먹색 옷 입고 머리 깎은 이는 함부로 마음 내주는 법이 아니라

겨울철 소한테 먹일 건초를 쌓아 두던 헛간이
소를 마을로 내려보낸 이후 텅 비어 눈 속에 묻혀 있다.

고 하던 큰스님의 말씀이 역시 괜한 소리가 아니다 싶었다.

　　스님은 청마루에 앉아 빈 헛간을 건너다본다. 비록 이제 그
곳에 소 먹이던 풀은 없지만, 그 시절 소똥 불에는 늘 감자가 익
어 간다.

두꺼비 한 마리

산골살림은 나남 없이 모두 빠듯하다. 사람들은 하나같이 '촌에서 돈 되는 게 없다'고 한다. 산나물 뜯고 재피를 따다 팔아 봐야 버스비 빼고 나면 손에 집히는 게 없다고 한숨이다. 농사짓는 육잠 스님의 산중살림도 별반 다를 게 없다.

봄날 한낮, 스님은 산방 청마루에 무료하게 앉아 있었다. 마침 축담 끝에서는 땅벌 두 마리가 따스한 햇볕을 즐기는 듯, 서로 마주보고 맴돌았다. 스님은 녀석들이 내려앉았다가 날아오르는 것을 물끄러미 쳐다보고 있었다. 그때 퍼뜩 토종벌을 쳐 보면 어떨까 하는 생각이 스쳤다.

토종벌은 주위에 양봉 농가가 있으면 들일 수가 없다. 양봉은 세력이 왕성하여 토종벌을 모조리 물어 죽여 버리기 때문이다. 두곡산방은 마을이 멀리 떨어진 산속이라 근처 양봉 농가가 없다. 또 가까이 논밭이 없어 농약 피해를 입을 걱정이 없었

168

다. 거기다가 덕동마을은 봄부터 가을까지 아카시아, 밤꽃, 싸리꽃 따위 밀원蜜源이 풍부해서 토종벌 치기에는 천혜의 조건을 갖추었다.

스님은 산중살림에 조금 보탬이 되지 않겠나 싶기도 하여 땅벌을 보고 있는 중에 토종벌을 치기로 급히 마음이 기울었다. 예전에 만행萬行 때 지리산 쪽에서 벌 키우는 것을 본 기억까지 떠올랐다. 통나무를 파낸 토종 벌통들이 짚 지붕을 덮고, 산기슭 너럭바위나 그루터기 위에 흩어져 있던 것이 생각난 것이다.

스님은 내친김에 다음 날 가벼운 차림으로 길을 나섰다. 무작정 지리산 쪽으로 방향을 잡아 버스를 탔다. 차가 가는 대로 인월에 갔는데, 마침 그날이 5일 장날이었다. 스님은 차에서 내려 길가 가게에 들러 두유 한 통을 사 마시며, 아주머니한테 근처 토종벌 치는 데가 어디 있는지 물었다.

가게 주인이 일러준 대로 표를 끊어 완행버스에 올랐다. 버스 안에는 장보러 나온 시골 할머니들이 여럿 타고 있었다. 스님은 한 할머니한테 혹시 토종벌 키우는 집을 아는 곳이 있는지를 물었다. 그러자 건너 자리에 앉아 있던 한 할머니가 스님의 이야기를 듣고, 자기 집에서 토종벌을 친다는 것이었다. 스님은 할머니를 따라 내렸다. 마을에서 약간 떨어진 외딴 집에서, 노부부는 서른 통 정도 되는 토종벌을 치고 있었다. 그렇게

벌이 열 통으로 불어났을 때
손 처사네 축담 위에 앉혀 둔
스님의 토종벌통.

스님은 인월에서 토종벌 두 통을 구해 와 두곡산방 산모퉁이
바위 위에다 앉혔다.

토종벌은 양봉과 달리 설탕을 넣어 주거나, 분봉分蜂하는 따
위의 잔손질이 많이 가지 않는다. 됫박처럼 짠 벌통을 양지바
른 곳, 산록의 바위 위나 처마 밑에 앉혀 두고, 1년에 한 번 꿀만
뜨면 되었다. 스님은 여태까지 벌을 키워 본 적이 없었지만, 다
행히 벌이 한 해 한 통씩 불어 3년이 지나자 다섯 통으로 늘어
났다.

벌 농사 재미가 쏠쏠하다고 생각하던 차, 그 이듬해 봄 벌
통을 열어 보니 그게 아니었다. 벌 네 통이 폐사하고 만 것이다.

겨울 며칠간 몰아친 혹한을 견디지 못한 벌들이 얼어 죽고 말았다. 벌을 너무 쉽게 생각한 탓이었다. 쓰라렸지만 스님은 다시 벌 두 통을 더 구해다 앉혔다. 한 번 실패를 본 후로 스님은 벌 농사에 한층 정성을 기울였다. 요령도 좀 났다. 이듬해는 빈 벌통을 두었더니 떠돌이 벌 떼가 한 통 날아들어 꿀을 따다 나르기도 했다. 그렇게 5년이 지나자 벌은 열 통으로 불었다.

스님은 꿀을 떠서 지인들에게 보냈다. 양봉과 달리 토종벌은 꿀 수확량이 많지 않아 1년에 그저 한 말 남짓이었다. 꿀을 받은 지인들은 값이 얼마인지 묻지 않았다. 산방에 들를 때 스스로 알아서 얼마씩 놓고 가는 것이 전부였다. 스님은 그렇게 모인 꿀 값을 윗토굴, 와운굴을 짓는 데 보태기도 했다.

스님은 벌 치는 기술을 제법 터득했다고 자부했다. 그러나 그것으로 끝이 아니었다. 벌이 한창 꿀을 모으는 철이면 꼭 두꺼비란 놈이 나타나 애를 먹였다. 두꺼비는 벌통 구멍 앞에 쪼그리고 앉았다가, 벌통을 드나드는 벌들을 긴 혀를 뻗어 널름널름 잡아먹어 버리는 것이었다. 그대로 두면 자칫 벌 농사를 완전히 망칠 지경이었다.

의뭉스런 두꺼비 때문에 스님은 수시로 벌통을 살필 수밖에 없었다. 예로부터 속가에서는 두꺼비가 재복財福을 가져다 준다고 해서 집 지킴이로 받들었다. 뿐만 아니라 절집에서도

通玄峰頂
不是人間
心外無法
滿目青山
北天野衲 [印]

〈통현봉정 불시인간 심외무법 만목청산〉, 52×30cm
통현봉 위에는 인간세상 아니네.
마음 밖에 따로 법이 없나니 눈에 가득 온통 푸른 산일세.

172

두꺼비를 두고 불보佛寶를 보호하는 신령스런 동물이라는 말이
전하기도 한다. 굳이 그것 때문은 아니지만, 두꺼비가 벌집 앞
서 저지레를 한다고 해서 어찌 할 수는 없는 일. 먹물 옷을 입은
스님이 절로 생겨난 생명을 감히 어떻게…! 스님은 녀석이 나
타나면 잡아다가 다른 곳으로 옮겨 놓을 수밖에 없었다. 어차
피 걸어 봤자 두꺼비 걸음일 터, 가까운 개울가나 풀숲에 가서
풀어 줬다. 그러나 단맛을 본 녀석은 금세 다시 돌아왔다.

한번은 스님이 두꺼비를 잡아서 꽤 떨어진 곳에 가서 풀어
놓았다. 그런데 다음 날 두꺼비 한 마리가 떡하니 벌통 앞에 다
시 나타났다. 이번에는 좀더 멀리 가서 놓아 줬다. 다음 날 아
침, 역시 어김없이 또 한 녀석이 벌통 앞에서 얼쩡거리는 것이
었다. 스님은 벌통 앞에 앉은 녀석이 어제 방생한 그 녀석인지,
아니면 다른 녀석인지 궁금증이 부쩍 일었다. 해서, 이번에는
다리에 비닐을 묶어 더 멀리 옮겨 놓았다. 아니나 다를까, 며칠
후 녀석이 비닐을 다리에 묶은 채 천연덕스레 다시 나타난 것
이다. 두꺼비 걸음이 결코 '두꺼비 걸음'이 아니었던 것이다. 스
님은 두꺼비의 집념에 두 손 들고 말았다. 도리 없이 두꺼비와
밤낮 신경전을 펼칠 수밖에 없었다.

스님은 두꺼비로부터 벌을 지키려고 밤에도 가끔 벌통을
살폈다. 어느 달 밝은 날, 두꺼비 한 마리가 먹이를 찾아 마당을

가로질러 기어가는 것이 보였다. 스님은 앞다리를 구부린 채 엉금엉금 기어가는 녀석을 가만히 보고 있다가 무릎을 탁 쳤다. 한 생각이 스친 것이다.

'먹이를 찾아 밤에도 나서야 하는 두꺼비보다는 내 처지가 훨씬 낫구나!'

새벽 산방

아직 어둠이다. 여명에 대거리하는 무명無明을 헤집고 낭랑한 목탁 소리가 산중에 울려 퍼진다. 육잠 스님의 새벽예불. 물론 절집에서 불전佛殿에 드리는 새벽예불에 비할 바는 아니다. 그저 거처하는 방, 서벽 감실龕室에 모신 작은 석불을 향해 예禮를 올린다. 부처님과 보살, 조사와 선지식께 제자로서 지극한 마음으로 일곱 번 절한다. 그리고 절집의 〈5분 정례〉 예법에 따라 《반야심경》을 독송한다. 스님은 그것으로 불제자임을 확인하고, 수행자의 하루를 가다듬는 것이다.

예불을 마친 스님은 목탁을 불단 위에 내려놓고 조그만 조사어록을 펼친다. 어록은 손수 한지에 필사筆寫하여 엮었다. 자리에 정좌한 스님은 어록을 들고 낭랑하게 읊조린다.

"바른 도는 지극히 고요하여 아무리 수행하여도 알기 어려운 것이요, 삿된 무리는 시끄럽고 요란하여 익히지 않아도 친

새벽예불을 올리는 육잠 스님.

해지기 쉽나니…."

　육조六祖 혜능慧能의 제자 현각 선사玄覺 禪師의 《선종영가집
禪宗永嘉集》에 수록된 편지글이다. 천성이 산림을 좋아하고 세속
을 싫어하여, 고요한 곳에서 수행하는 현명 선사가 도반인 현
각 선사에게 산림 속에 묻혀 함께 구도할 것을 권하는 편지를
썼다. 어록은 현명 선사의 편지에 현각 선사가 답한 글이다.

　먼저 산림 속에서 수행하는 현명 선사는 도반에게 산중생
활 즐거움을 이렇게 말했다.

　"돌집과 바위굴 속에 먼지를 털고 편안히 앉았으니, 푸른

솔 맑은 못에 밝은 달이 비춰 오고, 바람이 불어 흰 구름 흩어질 때면 천리 밖을 한눈에 바라보매, 호미자루로 베개 삼고, 가는 풀로 자리를 삼았습니다."

산중생활의 즐거움에 대해 말하는 도반에게 현각 선사는 고요한 곳에 처할 때 일어날 수 있는 폐단에 대해 이렇게 답한다.

"서신을 받아 보니, 절개와 지조를 가져 그윽한 곳에 홀로 깃들며 인간의 자취를 끊고, 나무 아래 단정히 앉아 번거로움을 멀리하고 도를 음미한다고 하니, 진실로 그러함이 마땅할 것입니다. 그러나 바른 도는 지극히 고요하여 아무리 수행하여도 알기 어려운 것인바, 호미자루를 베개 삼고 가는 풀로 자리를 하는 것을 두고 수행이라고 하지만 그와 같은 삿된 무리의 짓은 시끄럽고 요란하여 익히지 않아도 저절로 배어들기 쉽습니다. 고로, 만일 아는 것이 깊고 깊은 진리에 맞지 않고, 행동이 진실한 취지에 부합되지 않는다면, 그윽한 데 살면서 졸렬한 마음을 품는 바와 다르지 않아, 스스로 보람 있는 일생이라 말할 수 없습니다."

이어 현각 선사는 홀로 수행하는 자의 그릇된 자기 판단이 불러올 수 있는 잘못에 대해 이렇게 간절히 전한다.

"그러하기에 먼저 도를 알고 난 후에 산에 살지니, 도를 알지 못하고 먼저 산에 사는 이는 그 산만 볼 것이며, 반드시 그

도를 잊을 것이요, 만일 산에 살지 않더라도 먼저 도를 아는 이는 그 도만 볼 것이며, 반드시 산을 잊을 것입니다."

끝으로 현각 선사는 분별을 넘어선 구도의 궁극을 일러준다.

"그러므로 선정禪定의 물이 넘치면 어떤 생각의 티끌을 씻지 못할 것이며, 지혜의 등불이 밝고 밝으면 어떤 미혹의 안개를 제거하지 못하리오. 그렇게 되면 곧 산골짜기를 소요하면서도 들과 마을에 놀고, 행주좌와行住坐臥(몸을 움직이거나 머물거나 앉거나 누움)를 마음대로 노닐어도 그 중심은 고요할 것입니다. 이렇게 되면 편안하고 고요함은 안에서 그쳐 일정한 법이

육잠 스님이 새벽예불 후 직접 필사한 현각 선사 어록을 소리 내어 읽고 있다. 스님은 매일 새벽 현각 선사의 어록을 읽음으로써 혼자 생활하는 수행자의 하루를 스스로 경책한다.

없어질 것입니다."

글은 어록의 일부에 불과하다. 육잠 스님은 현각 선사의 이 서간 전문全文을 매일 아침 염송念誦한다. 글은 옛 선사가 산속에 처한 도반뿐만 아니라 홀로 생활하는 수행자에게 주는 절절한 법문이다. 그 심장을 꿰뚫는 지극함에 육잠 스님은 어록을 통하여 홀로 사는 산중살이를 경책警責하고자 한다. 몸이 고요한 산속에 있다는 것에 기대어 구도에 소홀함이 없도록 스스로를 경계하는 것, 그것이 육잠 스님이 서간 어록을 길게 염송하는 이유이다.

스님이 산속 정적을 흔들며 염송을 마칠 즈음이면 산새들도 서서히 잠에서 깨어난다. 스님은 어둠을 더듬어 공양간 문을 열고 솥에 물을 한 바가지 붓는다. 음양탕陰陽湯, 즉 맑은 맹물 한 잔을 데우는 것이다. 스님은 새벽마다 따뜻한 물 한 잔을 마신다. 데운 물 한 잔은 몸속에 쌓인 찌꺼기를 씻어 내리고, 피돌림을 원활하게 한다고 믿는다. 음양탕은 오래전부터 지켜 온 육잠 스님 나름의 양생법이다.

데운 물 한 잔을 마신 스님은 지압목침을 당겨 한 발 올린다. 서서 뒷짐을 진 채, 지그시 눈을 감고, 용천혈을 꾹꾹 눌러 밟기 시작한다. 스님의 지압은 하루 일과의 계획이자 하루 노동을 위한 준비운동인 것이다. 지압으로 콧등에 땀이 맺히기 시작할 무렵, 밖은 어느덧 부윰하게 동이 튼다. 새들의 지저귐도 한층 또렷해진다.

이윽고 스님은 옷을 갈아입고 바깥으로 나선다. 창고 벽에 걸린 호미를 벗겨 내 남새밭 이랑으로 들어서는 것이다.

이처럼 스님의 아침은 늘 같은 일상의 반복이지만 오늘 이 하루는 결코 어제의 오늘이 아님을 안다. 새롭게 눈을 뜬 오늘 하루는 새롭게 몸을 얻은 날 하루인 것이다. 부처님의 가르침을 따라 밝힌 하루는 앞산의 산색마저도 청신하다. 일일시호일 日日是好日(하루하루 새롭고 좋은 날)!

하루 두 끼

볕살이 따가운 초여름 점심나절 두곡산방을 찾았다. 차 한
잔을 앞에 놓고 산중 이야기를 하다가 육잠 스님이 불현듯 일
어났다.

"잠시 책 보고 좀 앉았었소. 내 금방 밥 지어 올게. 점심 공
양이나 같이합시다."

'일일이식—日二食'

스님의 공양간 벽에는 '일일이식'이라고 적은 조그만 송판
이 걸려 있다. 스님은 평소 아침 저녁 하루 두 끼만 먹는다. 산중
에 살면서 하루 세 끼 꼬박꼬박 챙겨 먹자니 왠지 세상 사람들
에게 염치없는 짓인 것 같기도 하고, 또 혼자 살면서 끼니마다
챙겨 먹다가는 하루해를 다 보낼 것 같아 두 끼만 먹기로 했다
는 것이다. 그래서 아침 공양은 해가 중천에 오를 때쯤 하고, 저
녁 공양은 어둠살이 내리기 전에 설거지를 마치도록 한다.

두곡산방 옆 채마밭 구석에 묻어 둔 김장독. 스님은 산중에 살면서
하루 세 끼 챙겨 먹는 것이 염치없어 일일이식을 한다고 했다.

그런데 느닷없이 점심 공양을 하자니 적잖이 당황스러웠
다. 밥 한 끼 신세지는 것이 문제가 아니다. 스님의 산중 청규淸
規를 깨뜨린다는 게 여간 부담스러운 일이 아니다. 극구 사양했
지만 스님은 굳이 옷소매를 털고 일어섰다.

"있는 반찬 차리면 금방 되니까 오늘은 꼭 같이 공양합시다."

펼쳐 놓은 찻자리를 치우는 동안 스님은 금세 김이 나는 더
운밥과 국을 받쳐 들고 왔다. 밥상은 참 소박하다. 바글바글 끓
는 된장 뚝배기에다, 갓 따온 상추에 생된장, 물김치 한 보시기,
그리고 국 한 가지가 전부다. 바가지만 한 발우에는 쌀과 보리

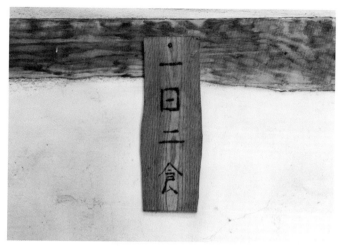

나무쪽에 써서 공양간 벽에 걸어 둔 '일일이식'.

가 반반씩 섞인 밥이 그득 담겼다. 그런데 스님의 발우에는 밥
한 공기가 못 되게 담겨 있다.

밥이 많다며 좀 덜어 드리겠다고 하니 극구 말린다. 아마도
스님은 불제자로서 〈발우공양〉을 하고자 함이리라. 절집에서
발우공양은 '적당한 양을 담는 밥그릇'이란 의미로, 절제된 식
생활을 의미한다고 했다. 비록 혼자 하는 산중생활이지만, 일
상의 공양에서 음식에 대하여 집착하는 마음을 버리고자 하는
것이다.

고봉밥은 좋이 되어 보이는 발우를 염치없이 끌어당긴다.

스님의 공양간 살림 밑천 된장. 스님은 된장만 맛있으면 절집 살림은 걱정 없다면서
매년 장 담그는 데 많은 공을 들인다.

스님은 된장을 퍼 넣어 비벼 먹으면 보리밥도 먹을 만하다며
비비라고 권했다.

　육미肉味도 두부도 없이, 애호박에 풋고추를 썰어 넣고 끓인
된장은 옛 맛 그대로다. 짜지 않아 슴슴한 된장 알갱이들은 저
자바닥 청국장 같은 탁한 냄새 없이 부드러운 맛을 풀어내 구수
하다. 된장도 산바람 속에 익은 것은 그만큼 순일해지나 보다.

　스님은 종지에 달리 양념도 하지 않은 생된장도 떠 왔다. 넓
적한 상추 잎을 펼치고, 보리밥에 생된장 넉넉히 얹어 쌈을 싸
서 한 입 크게 욱여넣는다. 상큼하면서도 달보드레한 맛에 상

추쌈이 씹을 겨를도 없이 목구멍을 넘어가기 바쁘다.

"허허. 맛이 어떨지 모르겠지만 국도 한번 들어 보시지요…."

허겁지겁 먹는 품에 아무래도 체할까 봐 걱정이 되는지, 스님이 웃으며 국을 권한다.

민망해 하면서 앞에 놓인 국을 떠서 넘긴다. 나물국은 분명한데 처음 먹어 보는 맛이다. 어떻게 보면 엉겅퀴 나물국 같기도 하고, 팥잎국 같기도 한데, 시원하면서도 여유로운 맛이다.

"스님, 국이 무슨 국입니까? 처음 먹어 보는 맛인데…."

"아욱국입니다. 아침에 좀 끓여 봤습니다만…, 먹을 만한지요?"

"시원한 맛이 일품입니다."

"경상도 쪽에서는 아욱국을 맛보기가 좀 힘들지요. 충청도나 저 위쪽 지방에서는 아욱국을 많이 먹어요. 무엇보다 절집에서는 아욱국 한 그릇을 먹어야 공양했다 할 만하지요. 여름날이면 스님들은 아욱국 즐겨 먹습니다."

"아욱국이 절집과 무슨 특별한 인연이라도 있습니까?"

"절집과 무슨 특별한 연관이 있는지는 잘 모르겠지만, 아욱은 다른 잎채소들에 비해 생명력이 강해요. 비료를 주거나 농약 칠 필요도 없이 아주 잘 자라지요. 봄철 한번 씨를 뿌려 놓으면 여름 내 먹을 수 있으니, 절집에서는 손쉬운 반찬거리가 됩니다. 아마도 아욱국의 시원한 맛 때문에 즐겨 먹지 않겠나 싶어요. 끓이는 데 손이 좀 가서 그렇지 담백한 맛이 절집 음식 성정에 맞기도 하거니와, 항상 먹어도 질리지 않지요."

염치도 없이 연거푸 밀어 넣는 상추쌈과, 잇달아 퍼 넣는 아욱국에 금세 밥 한 발우를 비우고 말았다. 이렇듯 단출한 밥상에 어찌 그렇게 허겁지겁했던지….

이야기를 마친 스님은 빈 그릇을 챙겨 공양간으로 가서, 작은 솥을 들고 나온다. 솥에는 김이 오르고 있다. 숭늉이다. 스님은 솥에 붙은 불은 누룽지를 말끔히 긁어 발우에 나누어 따른다.

"숭늉을 들어요. 밥 먹고 숭늉을 먹어야 속이 편합니다."

스님을 따라 숭늉을 훌훌 마신다. 밥알 한 알 남김없이 깨끗이 발우를 비웠다. 발우는 설거지할 것도 없이 깨끗해졌다.

스님은 숭늉을 마시면 속이 편하다고 했지만, 아마도 이는 아귀餓鬼의 고통까지 덜어 주고자 하는 절집 의례가 몸에 배인 공양 습관일 것이다. 아귀는 어리석음과 탐욕으로 늘 배고픔에 시달린다고 한다. 배는 남산만 하고, 목구멍은 좁쌀을 못 넘길 만큼 좁아서 먹을 것만 보면 환장을 한다는 것이다. 그런데 아귀가 개숫물을 받아 마시다가 밥알 찌꺼기가 목에 걸리기라도 하면, 그것이 불덩이가 되어 목구멍을 태우게 된다고 한다. 그

공양 후 설거지한 발우와 그릇을 축담 위에 놓고 볕에 말리고 있다.

래서 아귀의 고통을 덜어 주기 위해서라도 밥 한 톨 남기지 않는 것이 절집 공양의 기본이라는 것이다.

또 하나, 〈일미칠근一米七斤〉. 한 톨의 쌀도 아끼는 불제자로서의 마음이다. 한 톨 쌀이 내 입으로 들기까지는 뭇사람들의 정성과 수고가 일곱 근斤 들어 있다는 사실. 이 때문에 스님들은 그런 공력의 시주물인 쌀을 절대 한 톨도 허투루 하지 않는다. 그것을 절집 문을 들어서면서부터 몸으로 익힌다고 한다.

쌀뿐만이 아니다. 대중이 불제자에게 공물을 시주할 때는 '이 공물로 몸을 보하여, 반드시 성불해서, 번뇌와 고통에 시달리는 중생을 구원해 달라'는 의미가 담겨 있다. '상구보리上求菩提

하화중생下化衆生', 즉 위로 깨달음을 구하여 아래로는 중생을 구
제해야 한다는 엄연함이 담겨 있다. 그런 만큼 시주 공물을 함
부로 하는 것은 더없는 악업惡業을 짓는 것이 된다. 그 뜻을 되새
기고자, 불제자는 누구나 공양을 하면서 〈소심경〉을 염송한다.

이 공양이 어디서 왔는가
내 덕행으로 받기가 부끄럽네
마음속 탐진치食瞋痴를 버리고
육신을 지탱하는 약으로 알아
도업을 이루고자
이 공양을 받습니다.

그런 만큼 스님 역시 불제자로서 공부를 위해 한 끼 먹으면
족할 뿐이지 어찌 혀끝의 간사함을 두고 말하겠는가 하고 반문
하는 것이다.
"스님은 농사일하며 이종식을 하면 배고프지 않은가요?"
"늘 버릇하니까 두 끼 먹는다고 그렇진 않습니다. 밖에 나
가면 세 끼를 먹을 때가 있는데, 그럴 때 오히려 속이 부대껴요.
포만감이 들면 몸이 무거워지고, 생각 또한 나태해지는 느낌이
듭니다. 옛 어른들은 늘 그러셨지요. 배부른 수행자는 없다고.

특히 대중의 보시布施로 살아가는 수행자가 배부르게 먹는다는 것은 부처님 뜻과도 크게 어긋나지요. 수시여전受施如箭이라고, 시주 받기를 화살 받는 것만큼 두려워하라는 말도 있지요. 우리 절집에서만 그런 게 아니더만요. 이슬람 교리에는 배가 고프지 않으면 먹지 않고, 배부르게 먹지 않는다는 말이 있다고 그래요. 참 좋다는 생각이 들어요. 그리고 소식小食하면 건강에도 좋다고 하지요. 일본에는 예로부터 '8할이 찰 때까지만'이라는 말이 전해 내려온다고 하지요."

"스님, 절집 귀한 음식을 다 먹고 양생법까지 들었습니다. 그렇지만 무엇보다 오늘 된장국, 상추쌈 보리밥 한 그릇에 이렇게 행복할 수 있다는 걸 처음 알았습니다."

백석白石 시인은 "흰밥과 가재미가 있으면 세상 같은 건 밖에 나도 좋다"고 했지만, 스님의 상추쌈 보리밥 밥상을 마주하고 '능히 세상 밖으로 나도 좋다'는 생각이 드는 것이다. 비로소 나물 먹고 물 마신다는 '산거山居'의 뜻을 알 만하다.

이종식 계율을 깨뜨린다며 공양하지 않겠다고 손사래 친 것이 빈말 같아 민망스럽기만 하다. 거기다가 절집 공양의 깊은 뜻을 배웠고, 절집 별미 아욱국까지 맛보았으니….

자루엔 쌀 석 되

차가운 골바람이 덧문을 후려치는 겨울밤. 육잠 스님은 촛불을 켜고 먹을 간다. "冬夜長兮冬夜長冬夜長悠悠何時明(긴 겨울밤이여! 긴 밤 언제나 밝아 오려나)…" 그 옛날 추위에 떨며 구도하는 선승의 마음을 헤아리며 붓을 들어 어둠을 지워 나간다.

"화롯불마저 꺼진 비 오는 겨울밤…" 그 애상을 시로 읊은 주인공은 료칸良寬(1758~1831) 선사다. 료칸 선사는 일본 에도 시대 후기 에치고越後(현 니가타현) 쿠가미야마國上山에서 오홉 암五合庵이란 초암을 짓고 살았던 조동종 스님이다. 그는 오늘날도 일본에서 〈청빈〉의 현신으로 추앙받는다.

전해 오는 일화 하나. 오홉암이 있던 에치고 지방 성주城主는 료칸 선사의 덕을 마음 깊이 흠모했다. 어느 날 성주는 오홉암으로 료칸 선사를 만나러 가겠다고 말한다. 집사가 이 사실을 지방 수령에게 알리자, 수령은 성주의 방문인지라 급히 료칸 선사에게 달려갔다. 그러나 선사는 초암을 비우고 출타 중이었다. 수령은 성주의 행차에 대비하여 사람들을 시켜 초암 주변에 풀 한 포기, 나뭇잎 한 장 없도록 깨끗하게 청소했다.

저녁나절, 나들이에서 돌아온 료칸 선사는 초암 주변 풀들이 말끔히 뽑혀 휑하게 변한 것을 알았다. 풀이 좋아서 보고 즐기는 것들인데 모두 사라져 버린 것이다. 이를 본 선사는 '아! 이번 가을에는 풀벌레 소리를 들을 수 없겠구나' 하고 탄식한다.

이튿날 성주 일행이 오홉함에 도착했다. 료칸 선사는 아무 말 없이 성주를 맞는다. 성주는 선사에게 성안에 절을 하나 세우고 선사님을 모시고 싶다고 자신의 생각을 털어놨다. 료칸 선사는 말없이 붓을 들어 적어 내렸다.

"땔나무쯤은 바람이 가져오는 낙엽으로도."

옛날 사람들은 흔히 하는 말로 '부자 씨 따로 없고, 가난뱅이 씨 따로 없다'고 했다. 물론 이는 열심히 노력하면 누구나 부자가 될 수 있다는 교훈을 말함이다. 그러나 곰곰이 따져 보면 그렇지도 않다. 부자와 가난뱅이는 씨가 따로 있다. 마음속에 탐욕의 씨앗을 기른 사람은 아무리 재산을 모아도 만족하지 못한다. 늘 모자란다. 그에 비해 마음속에 자족自足의 씨앗을 뿌린 사람은 비록 한 끼 밥에도 배불리 여긴다. 늘 넉넉하다. 마음의 씨앗, 그 사람이 어떤 씨앗을 품느냐에 따라 부자가 될 수도, 가난뱅이가 될 수도 있다. 빈부에는 씨가 따로 있는 것이다.

료칸 선사는 '다섯 홉의 쌀만 있으면 더 바랄 것이 없다'는 의미로 초암의 당호를 〈오홉암〉으로 걸었다. 담박한 삶을 산 만고의 선지식인 것이다. 그렇게 보면 료칸 선사는 세상 모든 것을 가지는 씨를 품은 대부호라고 할 것이다.

육잠 스님은 젊은 시절 일본 서예잡지에서 료칸 선사의 묵적을 접하고 충격을 받았다. '과연 이 글을 누가 쓴 것일까?' 글이 너무도 맑고 삿됨이 없어 한눈에 빠져 버렸던 것이다. 그 이후 스님은 료칸 선사의 생애와 사상, 시와 서도에 대해 파고들었다.

료칸 선사는 한 구절 시로 보여 주듯이, 세속의 명리名利를 떠나 아이들과 숨바꼭질을 할 정도로 천진무구한 성품을 지녔다. 또 변소 옆에 죽순이 올라와 천장에 가려 자라지 못하는 것을 보고, 구멍을 뚫어 줄 만큼 생명에 대한 무한한 애정을 가졌다. 완전히 자연과 동화된 삶을 살았다. 그런 한편 료칸 선사는 음성이 맑아 누구라도 선사의 염불을 한 번 듣고 나면 감화되고 말았다고 전한다.

그러나 육잠 스님이 료칸 선사에 깊이 빠져든 것은, 〈오홉암〉 시에 나타나 있듯, 다섯 줌 쌀만 있어도 생이 넉넉하다는 극도로 청빈한 생활이었다.

평생 출세에 마음 쓰기 번거로워

드높은 하늘의 뜻에 맡긴다.

자루엔 쌀 석 되

화롯가엔 땔나무 한 단.

방황이나 깨달음은 알 바 아니며

티끌 같은 명성이나 이익은 아무래도 좋다.

밤비 부슬부슬 내리는 초막에서

두 다리 한가로이 뻗고 있노라.

육잠 스님은 료칸 선사의 시 한 구절을 나무판자에 써서 공양간에다 걸어 두었다. 평소 이 글을 공경하며 또 두려워하는 것이다.

《유마경維摩經》은 전한다. 욕심이 많은 사람은 이익을 구함이 많기 때문에 고뇌도 많다. 반대로 욕심이 적은 사람은 구하는 것이 없기 때문에 근심도 적다. 그러면서 만족할 줄 모르는 사람은 부유한 것 같지만 실은 가난하고, 만족할 줄 아는 사람은 가난한 것 같아도 실은 부유하며, 이것이 바로 '지족知足'이라고 했다.

수행자라면 누구나 이 지족을 생각한다. 자꾸 쌓아 두려고 하면 할수록 집착이 생기게 된다는 사실. 고집멸도苦集滅道가 알

와운굴 공양간 벽 판자에 써서 걸어 둔 료칸 선사의 〈자루엔 쌀 석 되〉.

려 주듯이 '집集'에 빠짐으로써 끝내는 고액苦厄에서 헤어나지 못하고, 그를 멸滅함으로써 비로소 도道로 나아간다는 것을 언제나 마음에 새기고 있는 것이다.

"수행자는 일체의 집착에서 벗어나는 것을 그 근본으로 삼지요. 그래서 몸을 가릴 옷 한 벌 발우 한 벌이면 족하다고 했겠지요. 나는 사는 동안 가장 가슴에 와 닿는 글이 〈오홉암〉 시 한 편이었어요. 그래서 중질하면서 늘 가슴에 품고 수행에 채찍으로 삼고 있습니다."

어느 여름 저녁나절, 밖에는 비가 추적추적 쏟아지고 있었다. 육잠 스님은 일찌감치 밀가루 수제비 한 그릇을 떠서 먹고 청마루에 앉았다. 그때 불현듯 료칸 선사의 "땔나무쯤은…"이란 글이 생각났다. 그리고 문득 한 시상詩想이 떠올랐다.

파초비 내리는
저녁 어스름
두 칸 오두막에
수제비 뜨는 소리

비오는 풍경을 그리고, 문득 떠오른 하이쿠와 같은 시를 화제畫題로 붙였다. 그것이 〈파초비 내리는 저녁〉이다.

스님은 "자루에는 쌀 석 되"를 거울삼고, 가끔 〈파초비〉 그림을 걸어 놓고 스스로 즐긴다. 〈오흡암〉 시 한 구절이 육잠 스님의 산중생활 좌우명이다.

파초비 내리는
저녁 어스름
두 칸 오두막에
수제비 뜨는 소리

— 지게도인 —

24×35cm

반일정좌 반일독서

五畝種竹　五畝藝蔬
半日靜坐　半日讀書
다섯 이랑에는 대를 심고 다섯 이랑은 채소를 심으며
반나절을 고요히 선정에 들고 반나절은 책을 읽네

육잠 스님의 두곡산방에 걸린 주련柱聯이다.《추사정화》라
는 추사 서집에 나오는 대련對聯 글씨다. 흔히 절집 주련에서 볼
수 있는 준엄한 법어法語와는 거리가 좀 있어 보인다.

"반일정좌는 그렇지요. 하루 동안의 절반은 마음을 고요히
하여 좌선에 든다는 것이 되겠지요. 이때 좌선이라는 것은 굳
이 가부좌를 하고 면벽面壁한다기보다 마음을 기울여 추구하는
바가 없어 무위無爲함을 말하는 것이지요. 몸과 마음을 자연의
운행에 내맡겨 둔 채 무위한 가운데 만물과 조화를 이루는 것,

두곡산방 주련에 쓰인 '오묘종죽 오묘예소'(왼쪽), '반일정좌 반일독서'(오른쪽).

그런 것이지요. 그리고 좌선의 선禪을 말할 때, 흔히 그것은 '불립문자의 시'고, 시는 곧 '문자의 선'이라고들 하지요. 반일독서의 뜻은 '문자의 선'을 찾는 그 어느 지점쯤에 있겠지요."

세상에서 도道를 구하는 데, 즉 깨달음을 얻는 데는 특별한 길이 있는 것은 아니라고 한다. 소리로 득음得音한 사람이나, 그림의 이치를 깨우친 사람이나, 바둑에 일가를 이룬 사람조차도 '한 소식'하기도 한다. 심지어 《열반경》은 소를 잡던 백정이 그 자리에서 칼을 내동댕이치고는 "나도 부처다"라고 외쳤다고

198

전한다. 깨달음으로 가는 길은 8만 4천 방편이 있다고 했다. 그래서 도道라는 것은 활달하고, 광대하고, 무변하고, 실체가 없는 그 무엇이라고 했다. 그러면서도 그것은 끝내 하나로 귀착되는 그 '어떤 것'이라고도 하는 것이다.

불경에서도 말한다. "사사입현문事事入玄門 처처귀원로處處歸源路." 일마다 모두가 도에 이르는 문이요, 처한 곳 곳곳이 근원으로 가는 길이라는 뜻이다.

육잠 스님은 붓을 앞세워 '참 나'를 찾고자 한다. 깊은 산중에 스스로를 가두고 붓대를 잡은 것은 글의 도, 즉 서도書道를 통하여 한 소식을 전하고자 발원했기 때문이다. 스님에게 있어 서도는 깨달음을 얻기 위한 방편인 것이다.

서도書道는 오랜 시간 법첩法帖에 근거하여 학습하면서, 고전의 정체성을 배워 나가는 가운데 스스로 깨달아 가는 과정이다. 스스로의 글을 세우기 전에 모방하여 쓰고, 쓰기 이전에 고전을 통하여 글의 뜻을 익힌다. 그러면서 저절로 이치를 깨치게 되는 것이 서도 공부인 것이다.

"글씨를 잘 쓰는 데는 3다多 철칙이 있습니다. 첫째, 많이 써야 하고, 둘째, 작품을 많이 감상해야 하며, 셋째, 책을 많이 읽어야 합니다. 이것은 세 가지 기본 철칙이지요. 그래야 흉중에 글의 기운이 품어져서 종내는 문자로 그 향기를 발하는 법입니다."

예로부터 불가에서 글이나 그림이 경지에 이른 스님을 선묵禪墨, 또는 선필禪筆이라고 일렀다. 우리나라 서예의 비조鼻祖로 알려진 신라 김생을 비롯하여, 고려의 탄연, 혜소, 조선의 사명, 영파, 아암 스님이 그들이다. 이런 선묵들의 글이 비문이나 현판, 주련으로 남아 오늘날까지 전해 내려오는 것이 더러 있다.

"《삼국사기》에 따르면, 김생은 한미한 집안에서 태어나 세계世系는 알 수 없지만, 80이 넘도록 쉬지 않고 붓을 잡았다고 하지요. 송나라 대신들이 김생의 글을 보고 왕희지의 글이라고 말했다고 합니다. 그래서 신라사람 김생의 글이라고 하자 '천하에 왕희지를 빼놓고 어찌 이런 신묘한 글씨가 있겠는가!'라고 하면서 끝내 믿지 않았다는 기록이 있습니다. 가히 신의 경지에 든 글씨라고 할 만하지요."

붓에 의지하여 정진하는 스님에게 붓글씨 공부는 실존이자 실재다. 살아 있음의 확인이자 구도인 것이기도 하다. '한나절 호미를 잡고 선정에 들고, 한나절 붓대에 의지해 삼매에 빠지는' 일상의 의미가 그렇다.

나른한 봄날 오후, 가부좌를 하고 무료하게 앉은 스님은 마룻바닥에 손가락으로 글씨를 쓴다. 한 자 한 자 힘주어 꾹꾹 눌러 쓰다가 삐치기를 거듭한다. 그러다 어느 순간 스님은 불현듯 방안으로 들어가 조용히 먹을 간다. 묵향墨香이 방안 가득 퍼

육잠 스님에게 있어 서도는 도를 깨치기 위한 하나의 방편이다.
스님의 벽장에는 붓글씨를 연습한 연습지가 다발로 묶여 차곡차곡 쌓여 있다.

진다. 그제야 스님은 뒤웅박 붓통에서 대필을 뽑아 들고 듬뿍 먹을 찍는다. 붓 끝은 하얀 화선지 위를 빠르게 스쳐 지난다. 강함과 약함, 맺힘과 풀림이 순간순간 교차한다. 그때마다 먹빛은 유장한 강물이 되어 표표히 흐른다. 그렇게 메워진 화선지는 방안에 가득하여 발 디딜 틈이 없다. 한동안 묵향과 함께 삼매三昧에 들었던 스님은 붓을 필가筆架에 걸친다. 그리고는 쓴 글들을 말없이 내려다본다.

이제 어질러진 낱장 연습지는 몇 겹으로 접혀 다발로 묶이게 된다. 스님은 연습한 종이 다발들을 차곡차곡 묶어 벽장에 쌓아 뒀다. 지금까지 쌓아 둔 두툼한 붓글 연습지 다발은 그 양이 아마도 여러 수레는 좋이 될 것이다. 그렇게 스님은 세월 따라 몽당붓과 글씨 뭉치가 쌓이고 곰삭으면, 이윽고 거침없이 흐르는 '물의 뜻'을 얻게 될 것으로 믿는 것이다. 이것이 육잠 스님이 다섯 이랑에 대나무를 심고자 하는 뜻이리라.

벽에 걸린 족자 속 한 떨기 난초가 방안 가득 방향芳香을 내뿜고 있다.

〈수류화개〉, 57×36cm

산창 아래 먹을 갈며

어느 가을날 오후 육잠 스님이 전화를 걸어 왔다. 사무실 근처라고 말하는 스님의 목소리가 평소 같지 않게 들떠 있었다. 스님은 찻집에 마주앉자마자 상기된 표정으로 서울 갔던 이야기를 꺼냈다. 간송미술관에서 열린 추사秋史 전시회를 보고 온 것이었다. 스님은 마치 눈앞에 작품을 보는 듯, 몰아지경에 빠져 글자 한 자, 한 획을 설명했다.

스님은 추사 김정희金正喜 글씨를 좋아한다. 젊었을 때는 추사의 묵적이나 전시가 있는 곳이면 천릿길을 마다하지 않고 달려갔다. 서도를 하는 사람이면 누구나 추사 글씨에 매료되지만, 스님도 일찍부터 추사의 서법에 깊이 빠져들었다. 그래서 틈날 때마다 《추사집》을 펼쳐 놓고 오래도록 들여다본다. 글씨 한 획마다 배어 나오는 굳센 필력의 문자향文字香에 심취하여 감상하는 것이다.

스님은 속가俗家 시절, 고등학교 때부터 붓글씨에 관심을 가졌다. 당시, 스님은 원곡原谷 김기승金基昇(1909~2000) 서도가의 독특한 필체가 마음에 들었다. 틈만 나면 연필로 흉내 냈다. 그후 출가한 이후 당나라 회소 선사懷素 禪師의《자서첩自敍帖》을 보고 본격적으로 글을 써야겠다고 마음을 굳혔다.

"회소 선사의《자서첩》은 지금 대만 고궁박물원에 소장되어 있습니다. 중국 서예사에 길이 남을 최고 명품이지요. '회소 가장사懷素家長沙 유이사불幼而事佛 …, 즉 회소의 집은 장사이고, 어려서부터 부처를 섬겼으며 …'로 시작되는《자서첩》은 집안 내력과 글을 쓰게 된 동기를 적고 있지요. 글은 초서체인데, 사람들은 흔히 '광초狂草'라고들 합니다. 회소 선사는 술을 좋아해서 취기가 오르면 붓을 들고 종횡으로 휘둘렀다고 해서 그렇게 부르지요. 참으로 볼 만한 글입니다. 그 글이 너무 좋아서 한때는 영인본을 구해 거처하고 있는 방 벽에 길게 걸어 뒀습니다. 초서의 이치를 탐구하며, 한 자 한 자 운필의 묘를 터득하는 데 더없이 도움이 되었지요. 그런 중에 일본 도쿄국립박물관에서 〈안진경 특별전〉이 열리는데, 거기에 회소 선사의《자서첩》이 공개된다는 소식을 듣게 되었어요. 전시를 보기 위해 곧바로 일본으로 갔습니다. 그런데 박물관 앞에는 유례없는 명품전을 보기 위해 일본 전역은 물론이고, 중국 본토에서도 서도

글방 함지박에 꽂힌 작품들. 육잠 스님은 틈나는 대로 옛날 대가들의 서첩을 펼쳐
임서를 하기도 하고 나름대로의 감상을 적어 놓기도 한다.

에 관심이 있는 사람들이 몰려와 길게 줄을 섰어요. 무려 세 시
간이나 기다리고서야 전시장에 들어갈 수 있었지요. 워낙 사
람이 밀고 들다 보니 안진경의 진적眞籍 앞에서는 채 1분도 눈
을 둘 수가 없었어요. 그렇긴 하지만 회소 선사의 《자서첩》 진
적을 직접 눈으로 본 그 순간, 하! 정말 대단했습니다. 가로 755
센티미터, 세로 28.3센티미터의 긴 두루마리 작품은 보관상태
도 좋아 금방 회소 선사가 써놓고 간 것 같았어요. 참 그 감동이
라니…. 그 외에도 중국 서예사를 빛낸 많은 작품들이 있었지
만, 《자서첩》의 감동에 비할 수가 없었지요."

스님의 글쓰기는 주로 행서行書나 초서草書 쪽이다. 예서는 글씨의 연원이 오래되었고, 글꼴이 가지는 조형미로 인해 매력을 느끼지만, 왠지 못 써도 잘 쓴 글씨처럼 보이고, 잘 써도 못 쓴 글씨처럼 보여 즐겨 쓰는 서체는 아니라고 한다. 그러나 추사의 예서 글씨는 추사만이 이루어 낸 궁극에 도달한 글씨이고, 한자문화권인 동양 3국에서는 그런 글씨가 없다고 곧잘 말한다.

스님은 그래도 글다운 글은 행초行草*라고 믿는다. 행초는 글꼴을 다양하게 구사할 수 있고, 운필運筆 속도가 빠르기 때문에 글 쓰는 사람의 감정이 작품에 그대로 이입된다. 잡된 기교나 잔재주 따위가 끼어들 여지가 없다. 애써 잘 쓰려고 할 턱이 없다는 것이다. 중국의 명필은 거의가 행초인 것을 볼 때, 글 중의 글이 행초임을 알 수 있다고 한다.

스님은 젊은 시절 한때 원교圓嶠 이광사李匡師(1705~1777)의 글씨에도 푹 빠진 적이 있었다. 원교 글씨에 관심을 갖게 되면서, 원교 글씨 현판이 붙어 있는 오래된 절을 찾아 전국을 샅샅이 뒤지고 다니기도 했다. 스님은 원교 글씨 중에서도 고창 선

---

* 서체의 한 종류로, 행서와 초서를 작품 전체에 적절히 섞어 리듬감이 살아나도록 한 글씨체.

〈독성〉, 50×35cm.
'홀로 깨어 있다'는 의미.

운사에 있는 현판 〈정와靜窩〉를 각별히 좋아한다. 정와는 해서
로 쓴 글씨이지만 글씨 속에 행서의 필의筆意가 담겨 있다. 스님
은 원교의 글씨 중에서도 백미에 속한다며 찬탄을 아끼지 않는
다. 그런 한편으로 〈정와〉는 현판이 걸린 그곳 요사채와도 너무
잘 어울리는 글씨라고 한다. 요사채에 걸맞게 소박미의 극치를
이루고 있다는 것이다. 그런 〈정와〉는 일조일석에 쓰인 것이 아
니라 수많은 벼루가 구멍이 뚫린 후에야 완성된 글씨임을 누구
나 알 수 있다고도 했다.

　〈정와〉에 배인 땀의 의미를 아는 스님은 붓대를 도반 삼아
오늘도 화선지를 메워 나간다. 그렇게 글을 쓰다가 언뜻 떠오

르는 한 생각에 붓을 바꿔 한 마리 새를 그리기도 하고, 때로 갈필에 먹을 찍어 괴석怪石을 그리기도 한다. 그런 스님의 글과 그림은 언어 이전의 표상, 생각 이전의 느낌들로, 그것은 이 세상 만물과 조화로운 소통의 한 방식인 것이다.

"굳이 내 글씨를 예서니 초서니 하는 것이 어떤 의미이겠으며, 내 붓장난을 두고 선화니 문인화니 할 턱이 없겠지요. 나는 그저 마음 가는 대로 내 뜻을 드러내고 흥취를 즐길 뿐입니다."

'서여기인書與其人', 즉 글씨는 그 사람이라는 말이 있듯, 단순한 삶, 절제 속에서 우러나오는 스님의 예술세계에는 단아하고 소박한 맛이 흐른다.

옛날 서암 큰스님은 말했다.

"어떤 사람이 논두렁 아래 조용히 앉아 그 마음을 스스로 청정히 하면 그 사람은 중이요, 그곳은 절이지. 그리고 그것이 바로 불교라네."

스님은 산창 아래서 먹을 갈고 있는데, 잔설이 녹아 떨어지는 낙숫물은 봄을 부르고 있다. 스님은 붓을 세워 정진하고, 스님이 처한 곳은 묵향으로 구도하는 자리다.

스님과 시인

"먼 데 바람 불어와 풍경風磬소리 들리면, 보고 싶은 내 마음 찾아간 줄 알아라"라고 정호승 시인은 노래했다. 어느 날 시인은 운주사에 가서 와불臥佛 앞에 불공드리고 그 누군가의 가슴에 풍경을 달았던가 보다.

육잠 스님 가슴에도 그런 풍경 하나가 달려 있다. 스님의 귓가에는 늘 그 한 자락 풍경소리가 들린다. 아니, 한 줄기 맑은 종소리가 메아리친다. 마음속에 종소리를 울리려고 그분이 그렇게 종을 달아 뒀던가 보다.

겨울 끝자락, 육잠 스님은 돌배나무 아래 버덩에 무릎을 세우고 앉았다. 양지녘일지라도 아직 바람이 찬데, 스님은 목에 수건을 둘둘 만 채 망연히 해바라기를 하고 있었다. 인기척에 고개를 든 스님은 볕살이 눈부신지, 눈가가 물기로 번져 있다.

상념에 젖은 스님은 "봄에 시비詩碑를 하나 세울까 한다"고 말했다. 앞뒤 모두 무질러 버린 스님 말에 객은 어디에 무슨 시비를 세운다는 건가 하고 어리둥절했다. 그제야 스님은 혼자만의 생각에서 깨어난 듯 물었다.

"임길택 선생 몰라요? 《탄광마을 아이들》 책을 쓴 아동문학가, 《똥 누고 가는 새》 시집 주인공, 임길택 선생 말이오?"

눈만 멀뚱거리는데, 스님은 내가 시집을 한 권 주지 않았던가 하면서 이야기를 꺼냈다.

"여기 두곡산방을 짓고 얼마 되지 않은 늦가을이었지요. 오후 볕살이 따스해서 청마루에 앉아 책장을 뒤적이는데, 사람들이 사립문가를 기웃거려요. 그래서 차나 한잔 하고 가라고 권했겠지요. 청마루에 오른 그들은 읍내 초등학교 교사 부부로, 집 한 채 구하려고 산골을 다니는 중이라고 해요. 그렇게 그 사람들은 차 한잔 하면서 이야기를 나누고 돌아가더니 이튿날 다른 한 사람을 데리고 다시 산방에 나타난 거라. 그때 같이 온 사람이 바로 임길택 선생이었어요. 수더분한 모습의 임 선생을 본 순간 마치 동네 이웃집 형인 양, 처음 본 사람 같지가 않았어요. 임 선생과 인연은 그렇게 맺게 되었지요. 임 선생은 거창 읍내 초등학교에 근무했는데, 주말이면 여기에 자주 놀러 왔지요. 참 천성이 순하고 아이들을 좋아한 그런 사람이었는데…. 내가 한 번도 얘기 안 했던가?"

스님은 또다시 이야기하지 않았을 리가 없다는 표정이었다. 진지한 되물음에 송구스러워 객은 주억거리기만 하고, 스님은 또다시 옛 추억에 젖어 들었다.

"한번은 그런 일이 있었지요. 그때가 여름방학이었어요. 그을린 얼굴에 빼빼 마른 임길택 선생이 뭔가 묵직한 것을 보자기에 싸서 안고 왔어요. 비지땀을 쏟으며 10리 산길을 짊어지고 온 것이 뭔가 해서 풀어 봤더니 종鐘이었어요. 왜 요즘은 보기 힘들지만, 학교 교무실 앞에 달린 종 있잖아요. 그것을 위 토굴에 하나 달면 좋겠다 싶어 가지고 왔다고 했어요. 그리고는 땀도 채 마르지도 않아 와운굴 처마 끝에 종을 달아 놓고는 종을 치며 좋아했지요. 고생스레 짊어지고 온 정성도 정성이지만, 종을 치며 그렇게 아이들처럼 즐거워하던 모습이라니…"

山閑流水遠　寺古白雲深
人去無消息　鐘鳴萬古心
산은 한가로워 흐르는 물 멀고
절 예스러워 흰 구름만 깊다.
사람은 가도 소식이 없건만
종소리는 만고의 심금을 울리네.*

214

절집 범종梵鐘소리는 반야의 지혜를 얻어 사바 중생의 번뇌를 여의게 하고, 지옥에 떨어진 중생까지도 제도濟度한다고 했다. 해서, 종소리로 하여 깨달음을 얻고, 중생들이 나락에서 만나는 모든 고통에서 벗어나 마음이 평안에 들도록 발원하는 것이다.

"아마도 임 선생은 "원컨대 이 종소리 법계에 두루 퍼져 철위산 밑 지옥의 어둠 다 밝아지고…"라는 절집의 타종게打鐘偈*를 생각했던 게 아닐까 싶어요. 지금도 내 마음속에는 그 종소리가 풍경소리처럼 남아 있지요."

스님과 임길택 선생은 서로 편지를 주고받으면서 그렇게 맑은 교유를 이어 나갔다.

스님께

점심을 먹으러 왔는데, 아내가 '혼자서만 먼저 봐 미안하다'며 스님 편지를 내밀었습니다.

'나무, 하늘, 꽃'이라는 말이 새겨진 도장과 함께 너무나 소중한 초겨울 선물이었습니다. 밥 먹고 학교 가고, 학교 갔다 와 다시 밥 먹고 자고, 늘 되풀이되는 일상생활 속에서 스님 편지는 한여름 소

* 영허 선사(1792~1880)의 선시 〈춘천 청평사〉.

215

나기만큼이나 제 가슴을 시원히 흔들고 남았습니다.

… 비록 몸은 떨어져 있으나, 제 맘은 이따금 덕동 그 그늘 언저리에 가 있을 때가 있음을 기억해 주십시오. 시간이 지나야 마음 흐름도 보이는 것일까요? 오늘 밤 문득 이런 생각이 떠오릅니다.

스님 내내 건강하십시오. 나에게 다가오는 것들 저도 서서히 맞을 준비하며 하루하루 돌려보내겠습니다.

— 1994년 12월 8일 저녁

편지 몇 문장만 봐도 두 사람 사귐이 어느 정도인지 짐작할 수 있다.

"임 선생 생각만 하면 늘 아쉬운 일 하나가 있어요. 임길택 선생은 여기 드나든 지 5년 남짓 된 마흔다섯 나이에 폐암으로 일찍 세상을 떴지요. 아마 병에 걸리기 전해였을 겁니다. 추석 전날인데, 달걀만 한 조그만 찐빵을 한 통 가득 가지고 토굴을 왔어요. 찐빵이 여간 맛있지 않았어요. 친정이 강원도 정선인 임 선생 부인의 솜씨가 보통이 아니었지요. 그렇게 찐빵을 쪄먹으며 밤새워 이야기하고 내려갔겠지요. 그런데 다음 날 또 느닷없이 임 선생이 토굴을 올라왔더라고요. 아마도 무슨 이야기를 하려다가 못 하고 간 것 같았어요.

한참을 빙빙 돌더니, 대뜸 하는 말이 자기도 여기 와서 살면

216

해광 스님께

세 죽째 병실에기 들어왔습니다.
아픈 데도 없이 이것저것 조사한다고 그 많은 날
보냈습니다.

그 동안 묻지 않고 일했습니다. 스님이
들려주셨던 이야기며, 보여주신 모습
적어두었던 공책 하나 곁기 두고 쉬지 않고
스님 얘기는 적었습니다.

이 다음 보시면 꿈속 들은 일만 쓰·흓2썼는,
그래도 이 일이나마 할 수 있어 긴긴 시간
보낼 수 있겠습니다.

꽃들이, 바깥 보기 모두 좋다고, 리움은
써백리는 일 하라이시겠지도,
스님 보고 싶습니다.

글씨 쓰느라기 팔이 아픕니다. 오래 걸었타기
그래오다다 거라. 좀 쉬어주어야겠습니다.

무거 쓸 이야기들이 남은 것 같은데,
소식만 물습니다, 곧 뵙게 되리라 믿습니다.

1997. 4. 24
삼성의료원 756호에서
임길택 드림.

임길택 선생의 편지.

217

안 되겠냐고 물어요. 그러면서 직장을 그만두고, 마을 입구 손 처사 집을 사서 갈 곳 없는 노인 두어 분을 모시고 함께 살려고 한다는 것이었어요. 이미 가족과 이야기도 되었으니, 집을 사도록 좀 알아봐 달라고 해요. 그래서 나도 반가운 마음에 그러마고 하고 당장 손 처사 큰아들한테 연락했지요. 그랬더니 며칠 후 연락이 와 친척들이 못 팔게 한다고 그러더라고. 임 선생이 얼마나 섭섭해 하던지.

결국에는 여기 들어와 살려고 했던 꿈을 못 이루고, 그렇게 허무하게 돌아가시고 말았지요. 만약 그때 여기를 들어왔더라면 나중에 어떻게 되었을지 모르지….”

“안타깝네요. 참, 그분도 여기를 어지간히도 좋아했나 봅니다. 하기야 누군들 한번 와 보면 다시 안 오고는 못 배기니….”

“임 선생은 여기 두곡산방을 그렇게도 좋아했어요. 토굴에 올 때면 혼자 오기도 하고 때로는 가족들과 오기도 했는데, 오면 늘 뭘 적는지 손바닥만 한 수첩에다 뭘 적고는 했어요. 세상을 떠난 후 가족들이 유품을 정리하다가 보니까, 시편들이 깨알같이 적혀 있더래요. 시 한 편 한 편이 얼마나 진솔하고 절절한지…. 그때 수첩에 적은 글 조각들을 모아 한 권 시집으로 출간했지요. 그것이 바로 유고시집《똥 누고 가는 새》입니다.”

임 선생이 두곡산방을 드나들면서 적은 글을 모은《똥 누고 가는 새》는 순전히 덕동마을과 스님의 일상에 관한 이야기들이다. 그런 아름다운 시편을 남겨 놓고 선생이 떠난 지 10년이 지났다. 스님은 그동안 떠나 버린 지음知音에 대한 그리움을 어떻게 전할까 많이 고민했던 모양이다. 10주기를 맞아 기념이 될 만한 무엇 하나를 남기고 싶었던 것이다. 스님은 궁리 끝에 세상에서 둘도 없는 나무 시비를 두곡산방에 세우기로 한 것이다.

좋은 사람들이 만나면 시가 나오고, 궂은 사람들이 만나면 싸움질이 벌어지는 법. 스님과 임 선생의 교유, 시가 나온 아름다운 인연이다. 한 편의 슬픈 영화 같은 시간들. 살면서 어느 누군가와 이런 인연을 맺는다면 한세상은 꽃밭일 터이다.

스님 가슴속에는 늘 와운굴 처마 끝 맑은 종소리가 울린다.

시비 세우던 날

2007년 4월, 햇살이 유난히도 맑은 봄날. 아마도 덕동마을이 생긴 이래 가장 많은 사람이 골짜기에 모였을 법하다. 50여명 손님은 이미 한 달 전 육잠 스님이 일일이 써서 보낸 손편지 초대장을 받고 기꺼이 찾아왔다. 두곡산방 양지 바른 개울가에 임길택 선생의 시비를 세우는 날이다.

임길택 선생은 1952년 전남 무안에서 태어나 젊은 시절 강원도 태백의 산골과 탄광마을에서 15년 동안 초등학교 교사로 근무했다. 그러다가 친구의 권유로 1990년 거창으로 옮겨와 1997년 타계할 때까지 그곳에서 아이들을 가르쳤다. 임 선생은 살아생전 시집 《탄광마을 아이들》을 비롯하여 동화집과 수필집 등 6권의 책을 펴냈다.

임 선생의 생전 메모를 보면, 육잠 스님과는 1994년 처음 만났다고 한다. '산자락에 걸려 있는 달이 보기 좋아서' 4년 동안 주말마다 들렀다면서, 스님과는 둘도 없는 사이로 지냈다는 것이다. 서로가 생각하는 것이 어느 정도였는지 훗날 스님의 회고에서도 짐작할 수 있다.

아리다. 임길택을 떠올리는 지금.… 애써 무상함을 일으켜 달래 보지만 문득문득 그리움으로, 아쉬움으로, 때론 통곡으로 차안此 岸의 내 마음은 자유롭지 못하다.… 45년 짧았던 당신의 생애. 촌 스럽고 순수했고 초저녁 박꽃 같았던 아동문학가 임길택 선생 님! 당신의 시비에도 새겨 넣은 '가난하고 보잘것없는 둘레에 따 뜻한 마음을 품었던 사람!' 가을이 오는 길목에서 당신 이름을 또 불러 봅니다. 흘러가는 구름 한 구비에 〈엉겅퀴꽃〉 한 자락을 띄 워 봅니다.*

천성이 동심童心으로 시를 쓰는 임 선생과, 산중에서 홀로 수행의 길을 걷는 육잠 스님의 만남, 그 만남은 어쩌면 이미 하 늘이 정한 인연이었는지 모른다.

---

* 동인지 《글과 그림》 2015년 9월호 임길택 시인 추모특집 글 중에서. 내용 중의 〈엉겅퀴꽃〉은 임길택 선생이 지은 시에 작곡가 백창우 선생이 곡을 붙인 노래.

화창한 봄날, 임 선생의 시비를 제막하는 것이다. 두 사람이 처음 만난 바로 그 자리에…. 스님은 이미 모든 준비를 해뒀다. 봉긋한 잔디밭 위에 세워진 시비는 흰 천으로 덮여 있다. 시비 뒤로는 각목 둘을 벌려 세우고 줄을 가로질러 쳐, 제막식 참석자들 이름을 오색 종이에 일일이 써서 달아 뒀다.

비는 특이하게도 석비石碑가 아닌 목비木碑다. 스님은 생전 임 선생의 소탈한 성품에 맞춰, 반지르르한 석비보다는 수더분한 목비로 세우기로 했다. 약간 구부렁하면서도 당당한 비의 몸통, 적송赤松 통나무는 전북 김제에서 옮겨 왔다. 스님은 비신碑身으로 쓸 적당한 굵기와 모양의 송목을 찾아 1년 넘게 수소문했지만 찾을 수 없었다. 마침 김제에 사는 지인이 소식을 듣고 어느 날 적송 통나무를 싣고 나타났다. 스님은 적송을 보는 순간, 그동안 찾던 바로 그것임을 한눈에 알아보았다.

스님은 제재소에 가서 통나무 앞뒷면은 켰다. 옆면은 껍질만 벗긴 나목 그대로 자연미를 살렸다. 또 비신 위에 올릴 지붕을 찾던 차에, 다행히 제재소에 적당한 적송을 얻을 수 있었다. 스님은 지붕으로 올릴 통나무를 산방으로 가져와, 겨우내 톱으로 자르고 끌로 파내 구름모양으로 잡았다.

스님은 시비 머리에 들어갈 〈임길택 시비〉 큰 글씨는 손수 낙인으로 새기고 싶었다. 비록 나무 시비이긴 하지만 글씨를 새기는 일은 쉽지가 않았다. 무엇보다 글씨를 새길 만한 마땅한 연장이 없었다. 궁리 끝에 큰 못을 구해 못대가리를 잘라내 구부리고, 아랫부분은 헝겊으로 감싸 손잡이를 만들었다. 그것을 군불 때는 아궁이에 달궈, 한 번에 한 점씩 나무를 태워 글씨를 새겼다. 〈임길택 시비〉 글씨를 낙인한 후, 왼쪽에는 도라지꽃, 오른쪽에는 엉겅퀴꽃 한 송이도 앉혔다. 시비를 세우게 된 사연을 적은 비신의 잔글씨는 못을 달궈 새기는 것은 불가능이었다. 도리 없이 서각장에게 부탁하여 완성했다.

시비의 주체가 될 시는 〈스님 재산〉이란 시로 결정했다. 시 선정 때는 스님이 활동하는 동인지 《글과 그림》 회원들의 추천을 받았다. 이 시는 문예지 《창작과 비평》에 선생이 생전에 발표한 시였다.

〈스님 재산〉

장작더미에

기대어 놓은

지게와

작대기 하나

그리고

녹다 만 눈 조금

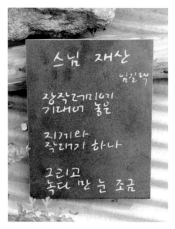

임길택 선생 시비에 넣기 위해
오석판에 새긴 시 〈스님 재산〉.

　시는 선정했지만, 또다시 〈스님 재산〉 시의 글씨체를 어떻게 할까 고민에 빠졌다. 생각 끝에 스님은 임 선생과 교유하면서 주고받았던 편지 중에서 손글씨를 한 자 한 자 골라냈다. 그리고 그것을 집자集字하여 오석판烏石板에 음각한 후 흰색을 먹였다.

　비신 새기기를 마친 스님은 마을로 내려갔다. 비의 기단석은 어쩔 수 없이 돌로 만들어야 하기 때문. 석물공장을 찾아갔으나 그 역시 만만한 작업이 아니었다. 돌에 스님의 필체로 잘게 약력을 새기겠다니 모두 난색을 표한 것이다. 수소문하여 영천에 있는 큰 석물공장을 찾아갔다. 다행히 그곳에서는 일을 맡겠다고 했다. 스님은 약간 누런빛이 도는 단단한 화강석을 골라 약력을 음각해 줄 것을 주문했다.

기단석을 영천에서 싣고 와 덕동마을 임도 옆에 내려놓고 보니, 또 문제가 생겼다. 화강석이 크지는 않지만 무게가 만만찮았다. 장정 한둘이 들어서는 꿈적도 안 했다. 스님은 눈을 딱 감고 거창읍에서 유도장을 하는 지인에게 부탁했다. 그는 주말에 덩치 큰 제자들을 봉고차에 한 차 태워 왔다. 결국 기단석은 덩치 좋은 유도부 학생 여섯이 목도로 옮겨 제자리에 앉힐 수 있었다. 그렇게 비는 수많은 사람의 손이 모여 두곡산방 맑은 개울가에 자리 잡게 되었다.

가장 낮은 곳에서 아이들을 가르쳤고 가난하고 보잘것없는 둘레에 따뜻한 마음을 품었던 아름다운 사람, 임길택 선생님! 두곡산방은 유고시집 《똥 누고 가는 새》의 시심이 잉태된 곳으로, 임길택 문학의 향기와 발자취를 기리기 위해 꽃과 새와 구름과 함께 기쁘게 시비를 세웁니다.

시비 제막식에는 임길택 선생의 부인과 자녀, 그리고 생전의 친구들, 동료 문인들이 모두 모였다. 스님은 오랜만에 가사를 걸쳤다. 제물을 차려 놓고 목탁을 두드리며, 발원문을 염송하고, 예를 올렸다. 문우文友들이 선생의 시를 낭송하고, 추모

두곡산방 개울가 양지바른 언덕의 임길택 선생 시비.
시비는 수더분한 시인의 성품을 고려하여 목비로 세웠다.

노래를 불렀다. 식이 진행되는 동안 스님은 시비 옆에 이마를 짚고 앉아 지켜보았다. 추억을 회상하며 슬픔을 다스리고 있는 것이었다. 눈가는 이미 촉촉이 젖어 들었다.

제막식 막바지에 사회자가 스님한테 인사말을 청했다. 쉰 목소리로 허공에 크게 고함 한 번 질렀다. 봄 하늘에 울려 퍼진 그 소리는 언어 이전의 언어로, 스님의 외마디는 덧없는 인간사 고뇌의 외침이었다.

그렇게 손님들은 모두 떠나고 두곡산방에는 스님과 시비만 남았다. 이제 임길택 선생의 시비는 세월의 흐름과 함께 조금씩 이끼가 앉아 갈 것이다. 스님은 비가 오면 손수 만든 방수포 덮개로 시비를 덮는다. 임 선생과 함께한 귀한 날들이 비에 젖지 않도록 갈무리하기 위해….

산중 소식

육잠 스님은 두곡산방 생활을 시작하면서부터 바깥세상과 연락은 주로 편지로 했다.

달리 통신수단이 없기도 하거니와, 가장 편리하기도 하고, 무엇보다 심중을 전달하는 데는 손편지만 한 것이 없어서였다. 그래서 스님은 펜으로 쓴 편지를 지인들에게 부치는 것을 기꺼워한다.

"나는 잉크향이 참 좋더라고요. 우리 때는 초등학교까지는 연필로 쓰고, 중학교 입학하면 펜으로 썼지요. 나는 펜이 종이에 닿으면서 사각사각 나는 소리가 참 좋아요. 특히나 조용한 밤에 들리는 펜 소리…."

뒷산 숲에서 소쩍새 우는 소리는 처량히 들리는데, 스님은 누구를 그리며 호롱불을 밝히고 밤새 편지를 쓴다. 그 정성은 상상만으로도 가슴이 뜨거워진다. 이로써 손편지는 산중생활

무명천으로 만들어 벽에 붙여 둔 펜꽂이와 서안 위에 놓인 잉크병과 호롱.
스님은 느리게 사는 삶의 한 모습으로 손편지를 즐겨 쓴다.

에서 스님의 여기餘技이기도 하거니와, 급히 변해 가는 세상에 던지는 느리게 사는 삶의 발신發信과도 같은 것이다.

원고지 칸칸이 한 획, 한 자 정성들여 눌러 쓴 글들은 그야말로 명문名文이 되고, 명필이 될 수밖에 없다. 때로 스님은 조선시대 언문 편지글처럼 여백을 돌아가며 산중 소식을 따로 적기도 한다. 거기에다가 근사한 그림이라도 곁들이면 한 장의 편지가 곧 하나의 예술작품이 된다. 때문에 한 번이라도 편지를 받아 본 사람이면 틀림없이 스님한테 빠져들고 만다. 편지글을 들고 다니며 자랑하고 싶어진다.

특히 스님의 손편지가 귀하고 고마운 것은 세밑 편지이다. 스님은 매년 연말이나 연초에 한 해 평안을 기원하는 편지를 보내온다. 어떤 때는 한지에 그림과 함께 새해 덕담을 보내기도 하고, 때로는 따로 그림을 그려 동봉하기도 한다. 올해 연하편지에서 스님은 객에게 꼭 하고 싶었지만, 그동안 아껴 뒀던 한마디를 보내 왔다.

'내 마음에서 우러나오는 대로 바로 그렇게 살려고 했을 뿐이다.'

그리고 스님은 연하편지와 함께 달을 바라보는 새 한 마리를 한지에 따로 그려 동봉해 보냈다. 그림의 화제畫題는 '상견무언처相見無言處'였다. '서로 만나 말이 없는 곳'으로 해석하면 될 것이라는 붙임 글과 함께. 객은 스님의 연하편지로 비로소 한 해가 시작되었음을 알고, 편지글과 그림을 오래도록 들여다본다. 그리고는 그것을 가장 잘 보이는 곳에 걸어 둔다. 스님의 글과 그림은 한 해 동안 무언의 대화가 되는 것이다.

스님은 가끔 한지 겉봉투에도 야생화 한 떨기나 산새 한 마리 그려 넣기도 한다. 때로는 붓으로, 때로는 펜으로. 어떤 때는 손수 만든 압화押花를 붙이기도 한다. 물론 그림을 넣을 때는 앉을 자리와 주소 쓸 자리를 몇 번이고 재고 맞춰 본다.

5일장이 서는 날, 스님은 밤새 쓴 편지를 바랑에 챙겨 넣고

淸壺居士님

'내 마음에서 우러나오는 대로 바로 그렇게
   살려고 했을 뿐이다'
헤르만 헤세의 代表作 <데미안>의 첫 구절에 싱클레어가
한 말입니다. 우리는 왜 내가 살고 싶은 삶을 살지 못하는
것일까요, 이게 아닌데 아닌데 하면서도 어쩔수 없이,
하는 수 없이 걷고 걸어온 길, 그 길은 자꾸만 점점 멀어져서
되돌릴 수도 되돌아 갈 수도 없는 지금 내가 섰는 자리,
   그러나 그 자리에서 머뭇거리거나 자책을 느낀다면
지금의 모든 '나'에게 이렇게 말해주고 싶습니다.
   '지금 여기 이대로 충분히 좋고 행복하다'
   내 분수를 직시하며 足함을 깨닫는 것,
   무리한 욕심은 부리지 않는 것,
이 진리를 알고 믿으며 행동한다면 진정한 自由人이
될 것이고 내 삶의 主人公이 될것입니다.
   청호거사님! 해가 바뀌어 새해 덕담을 억지로
한번 해봅니다, 是是好好...

   庚子年 正月 초사흘 지게도인 合掌

※ 그림의 畵題 '相見無言處'는 '서로 만나 말이
   없는 곳'으로 해석.

육잠 스님의 연하편지.

〈상견무언처〉, 30×40cm

산길을 내려간다. 하루 네 번 들어오는 마을버스를 타고 읍내로 나가는 것이다. 호젓한 산길을 내려오며 편지를 받아 볼 주인공을 생각하는 때는 스님에게는 언제나 즐거운 시간이다.

읍내 정류소에 내리면 맨 먼저 우체국으로 향한다. 늘 우체국 신세를 지는 터라, 스님은 편지 전해 주는 분들이 감사하기만 하다. 단돈 330원짜리 우표 한 장이면 산길을 마다 않고 달려와 주니 더없이 고마운 일인 것이다.

그런데 한번은 편지 부치러 갔다가 무척 화가 난 적이 있다. 스님은 바랑에 편지를 넣을 때 골판지로 단단히 싼다. 혹여 구겨지고 때가 묻을까 봐 그렇게 한다. 스님은 그것을 우체국 창구에서 꺼내 내밀었다.

우체국 여직원은 마지못해 편지를 받아들었다. 손님이 드문 시골 우체국이라 귀찮은 듯, 여직원은 우편스티커를 편지봉투 중간에 삐뚜름하게 붙였다. 그리고는 법관이 판결이라도 내리듯, 내키는 대로 소인消印을 꽝꽝 찍어 버리는 것이었다. 스님이 정성스레 그린 야생화 잎사귀는 스티커에 묻혀 버리고, 꽃잎은 내리찍은 소인으로 너덜너덜해져 버렸다. 스님은 손등의 생살이 찢긴 듯 마음이 아프고 불편했다. 스님은 편지를 되돌려 받아, 산방에 돌아와 봉투를 다시 만들었다. 결국 편지는 다음 장날 부쳐야 했다.

스님이 편지로 자주 연락하다 보니, 우편배달부는 고역일 수밖에 없다. 매일같이 산길 10리를 오르내리며 배달하기는 여간 힘든 일이 아니다. 스님은 배달부의 노고를 덜기 위해 아랫마을 회관 입구에 전용 편지통을 만들어 매달아 두었다. 배달부가 편지를 넣어 두면 간간이 내려가 찾아오는 것이다.

편지는 그렇다 치더라도 속달등기면 사정이 달라진다. 등기가 있으면 우편배달부는 어쩔 수 없이 산길을 올라와야 한다. 그게 미안해서 스님은 웬만히 급한 것이 아니면 등기로 부치는 것을 삼가 달라고 지인들한테 부탁한다.

여름철 한번은 배달부가 등기를 가지고 왔다가 낭패를 보고 돌아갔다. 스님이 출타하고 없었던 것이다. 그 이후 스님은 배달부가 헛걸음을 하지 않도록 도장을 파서 산방 청마루 끝에 두었다. 스님이 없을 때면 배달부는 우편물을 댓돌에 올려두고 도장을 찍어 간다.

한 획, 한 자 자간마다 정성이 배어나는 스님의 편지글을 통해 도회인들은 일상의 묘용妙用을 알아 간다. 어느 날 문득 저자 바닥으로 배달된 편지 한 통. 스님의 편지는 시이자 노래이며,

두곡산방 마루에는 우편배달부의 불편을 덜어 주기 위해 전용 도장을 준비해 두었다.

234

곧 생의 정화수이다.

청호 거사

惠函(혜함)받고 서둘러 몇 자 적습니다. 봄비가 사흘을 멀다하고 내립니다. 창밖에 빗소리를 들으며 게으름을 피워 봅니다. 집 앞 개울물 소리가 제법 요란합니다. 봄눈 녹아 흘러내리는 물소리는 들을 만한데 지금은 산골짝이 시끄러워 피는 꽃이 놀랄 것 같습니다. 그러나 산 빛은 날로 푸르름을 더해 갑니다.

연록의 숲 사이로 드문드문 山桃花(산도화)와 산벚꽃이 다투어 피고, 집 옆 돌배나무도 꽃을 피우기 시작했습니다. 바쁘지 않으시면 이번 일요일쯤 한 번 聞香(문향)하시는 것도 좋겠지요. 꽃 찾아가는 그 마음이 꽃을 보는 것보다 더 아름다울 것 같기도 하고….

빗속에 꽃이 피고지고 합니다. 빗속에 또 군불도 때고 밥도 해먹습니다. 이 日常(일상)을 누가 妙用(묘용)이라 할까? 雲雨中(운우중)에 횡설수설, 이만 줄입니다.

— 花下午睡山客(화하오수산객) 合掌(합장)

산중 도반들

숲 가운데 놓인 두곡산방은 깊은 바닷속과 같은 적요寂寥다. 가끔씩 숲을 지나는 바람만이 정적을 일깨울 뿐. 이 산골, 과연 생명 붙은 것들이 있기나 할까 싶다.

분명히 있다. 가만히 귀 기울이면, 고요 가운데서도 무수한 생명들이 끊임없이 쫓아다니며, 섭생을 하고, 짝을 짓고, 싸움질하고, 또 죽어 가는 것을 알 수 있다. 단지 인간만이 저 혼자 생명인 줄 알아, 그들의 소리를 듣지 못할 따름이다. 산의 것들과 함께하는 육잠 스님의 산중생활은 이들과 함께하는 일상이다. 이 숨탄것들이 스님의 도반道伴인 것이다.

물론 절집에서 도반이라 함은 계戒를 함께 받거나, 같이 공부한 동료 스님을 일컫는다. 힘겨운 구도의 짐을 반으로 나누어 지고 가는 반려이기도 하고, 더불어 가는 길동무이기도 한 것이 곧 도반이다. 그와는 달리, 산속의 뭇 생명들은 산중의 일상을 더불어 가는 도반인 것이다.

산중에서 가장 가까이 부대끼며 정을 나누는 도반은 단연 산새들이다. 산속 햇살이 막 퍼지기 시작하는 시각, 숲속 여기 저기서 들려오는 산새들의 힘찬 지저귐은 늘 일상을 반복하는 산중생활에 활기를 불어 넣어 준다. 더욱이, 눈부신 햇살과 새 소리로 맞이하는 봄날 아침이라도 되면, 오늘 이 하루는 결코 어제의 오늘일 리가 없다는 것을 깨닫는다. 이 하루 속에 스님 이 감당해야 할 일은 참 많기도 하다.

스님은 봄날 아침 산비탈 밭에 콩씨를 놓는다. 며칠 전 비가 온 뒤라 땅은 아직 촉촉했다. 그 흙 속에 콩을 넣으면 대개는 일 주일이면 싹을 틔운다. 문제는 이때부터다. 싹이 난 씨앗 콩은 떡잎이 떨어지기 전까지는 불려 놓은 콩이나 마찬가지다. 멧비 둘기한테 이것은 차려 놓은 밥상이나 진배없다. 건너 산 낙엽 송 숲속에서 한가롭게 울고 있던 멧비둘기가 이 푸짐한 한 상 을 놓칠 리 없다. 허수아비를 세우고, 깡통을 두드리며 쫓아 보 지만 그때뿐이다. 비둘기가 먹을 만큼 먹고 나서야 스님의 신 경전은 끝이 난다.

스님 농사의 훼방꾼으로는 어치란 녀석도 뒤지지 않는다. 숲속을 종횡무진 소리치며 날아다니는 녀석은 여간한 장난꾸 러기가 아니다. 이 녀석들은 청설모처럼 알밤이나 도토리를 물

길짐승, 날짐승들은
스님은 해코지하지 않을 것을 아는지
먹물 옷 허수아비는 본체만체한다.

어다가 밭에다 심기도 한다. 스님이 참깨 모종을 내놓으면 부
리로 죄다 뽑아 던져 놓은 적도 있다. 산중에서 심심하다 보니
아이들마냥 공연히 심술을 부려 보는 것이다. 임길택 선생은
〈어치〉란 시를 노래한 적이 있다.

밭둑 따라 옥수수 몇 포기 심었더니
어치란 놈이 어찌 알고
익은 것만 골라 파먹어댄다.

보세요.

가죽나무 아랫가지에 앉아

이리저리 눈치 살피며

사람 비켜가기만 기다리는 저놈!

옥수숫대 흔들어대며 요란스레 쪼아먹다가

소리쳐 제 짝들 불러 모으고

휘이휘이 질러대는 소리도

별 게 아니라는 걸 알고 있는 놈!

에이, 먹어라 먹어!

애를 먹이긴 해도 너희밖엔 없다.

한겨울,

누구 하나 올라오는 이 없을 때도

빈 가지 오르내리며 저희 거기 있다고

한 번씩 소리쳐 주는 놈, 너희 아니더냐!

스님은 저녁 설거지를 마친 후 밥 한 덩이를 된장국에 말아
공양간 문 앞에 내놨다.

"스님, 웬 겁니까?"

"들고양이 한 마리가 토굴 주위를 늘 맴돌고 있지요. 이렇게 두면 밤 동안 와서 먹습니다."

"고양이가 된장국에 만 밥을 먹습니까?"

"보니까 굶주려서 삐쩍 마른 녀석이 주변을 기웃거리더라고요. 그렇다고 토굴에 비린 것이 없잖습니까. 처음에는 별로 탐탁잖게 여기더니 어지간히 주렸는지 이제는 잘 먹어요. 그래서 밥할 때 이 녀석 몫으로 좀더 앉히지요."

"산중에서는 고양이도 초식草食이 되나 봅니다."

네 발 달린 도반 가운데는 멧토끼와 고라니가 산방을 자주 기웃거리는 편이다. 이 녀석들은 싹을 틔운 스님의 농삿거리들을 호시탐탐 넘보면서 도반으로서 존재감을 확실히 드러낸다.

산토끼란 녀석들은 달 뜨는 밤이면 두곡산방으로 숫제 이웃집 나들이 오듯 온다. 산방 뜰 꽃밭에 내려와 저네끼리 숨바꼭질을 하며 장난질 치는 것이다. 고라니 녀석들도 건너 왕버들 아래서 청마루에 앉은 스님을 빤히 쳐다보다가 아무 일 없는 듯 숲속으로 사라진다.

"듣기에 어떤 농부는 콩씨를 심을 때 세 알을 심는다고 하더군요. 한 알은 하늘의 새를 위해, 한 알은 땅 속의 벌레를 위해, 나머지 한 알은 사람이 먹기 위해 그렇게 한다더군요. 어쩌겠어요. 그 녀석들도 사람이 가꾼 곡식이 더 맛있다는 것을 알아 버렸으니. 나눠 먹는다고 생각해야 속이라도 편하지요. 헌데 이런 산중에서는 기왕에 심을 양이면 네 알을 심어야겠지요. 길 위의 짐승 몫까지. 내년에는 그리 한번 해볼까요. 허허….”

기온이 영하 15도로 떨어져 몹시 추운 겨울날. 눈바람이 계곡을 따라 몰아치는 눈밭 숲길에는 산토끼 발자국이 어지럽다. 주린 배를 채우려 눈밭 위를 헤집고 다녔나 보다. 고라니들도 겨울 동안 눈 덮인 산에서 어지간히 지쳤는지 어린 녀석들은 더 이상 못 참겠다는 듯 비명을 내질렀다. 산중에서는 사람이나 짐승이나 겨울나기에는 모두 힘겹다.

양 볼이 발갛게 언 스님은 시린 손을 비비며 말한다. 돌이켜 보면 전생의 본 모습인 것을, 그쪽 생이나 이쪽 삶이나 무엇이 그리 다르겠느냐고…. 스님은 농사철 힘겨움은 까마득히 잊고 한겨울 산중 도반들의 주림을 걱정한다.

찬바람 부는 숲속, 직박구리 무리들이 앙상한 감나무 끝에 매달린 언 감을 요리조리 파먹으며 빈속을 채우고 있다. 산중 도반들은 스님과 구도의 길을 함께 가지는 못하지만, 인적 드문 산중생활에 길동무는 되어 준다.

14.5×22cm

242

내촌리 사람들

육잠 스님의 봄은 분주하다. 부지런히 산나물을 뜯어 말려 놓지 않으면 겨울철 밥상이 헐거워진다. 특히 취나물이나 다래 순은 보드라울 때 꺾어 삶아야 제 맛이 난다.

덕동에 자리 잡은 이듬해 봄, 어느 오후 스님은 뒷산을 올랐다. 산나물 뜯기에 정신이 팔려 눈앞만 보며 한참 산비탈을 기어오르고 있을 때였다. 갑자기 위쪽에서 '부걱부걱' 하며 짐승 같은 소리가 났다. 순간, 스님은 멧돼지구나 생각했다. 놀란 스님은 뒤를 돌아보지도 않고 서둘러 산을 내려왔다. 나물 망태기를 던져 놓은 채, 가슴을 진정시키며 앞개울에서 손을 씻고 있었다.

그런데 웬 아낙이 금세 내려온 길을 뒤따라 내려오는 것이 아닌가. 아낙은 나물 보퉁이와 약초 캐는 괭이를 내려놓고 개울 가에 퍼질러 앉았다. 스님은 반갑게 인사를 건넸다. 아낙은 희미하게 웃으며 손짓발짓을 했다. 말을 하지 못하는 아낙이었다.

아낙은 나물을 뜯다가 스님이 올라오는 것을 먼저 본 것이다. 딴에는 스님이 놀랄까 봐 인기척을 낸다고 한 것이 되레 스님을 쫓은 꼴이 되었다. 아낙은 미안한 마음에 스님을 뒤따라 내려왔던 것이다. 스님이 어디 사느냐고 물으니까 아랫마을에 산다고 했다.

손짓발짓으로 이야기를 주고받다가, 스님의 눈길이 아낙의 약초괭이에 갔다. 조그만 괭이의 하얀 날은 닳고 닳아 호미 날처럼 얇았다. 나무 손잡이도 손때가 묻어 반질반질한 것이 세월의 흔적을 말해 주고 있었다. 스님은 괭이를 본 순간, 왠지 모를 슬픔에 울컥했다. 저 괭이에 한 여인의 고단한 인생역정이 오롯이 배어 있다는 생각이 든 것이다. 한 자루 약초괭이에 새겨진 말 못하는 한 산골 여인의 생生….

스님은 묘한 슬픔을 주는 '버부리 아낙'의 약초괭이가 갖고 싶었다. 닳아서 새하얗게 반질거리는 괭이 날을 위로해 주고 싶었던 것이다. 스님은 가지고 있던 새 약초괭이와 맞바꾸자고 내밀었다. 버부리 아낙은 어림없다는 듯이 손을 내저었다. 궁리 끝에 스님은 언젠가 방문객이 갖다 준 참치 통조림 5개와 돈을 만 원 꺼내 얹어 주었다. 버부리 아낙은 금세 얼굴이 환해지면서 괭이를 내주고 휑하니 마을로 내려가 버렸다.

'버부리 아낙'의 약초괭이. 하얗게 닳은 괭이 날 끝에 한 여인의 일생이 담겼다고 생각하면 괭이가 예사롭게 보이지 않는다.

그때부터 버부리 아낙은 스님만 보면 깊숙이 허리 숙여 합장한다. 약초 캐러 오가며 두곡산방을 지나치면 꼭 들러 스님을 보고 가는 것이다. 그럴라 치면 스님은 찐 고구마를 내놓기도 하고, 함께 국수를 삶아 먹기도 한다. 약초괭이 주인 아낙이 바로 〈엉겅퀴꽃〉 시에 나온 아랫마을 '버부리 할망구'다.

또 아랫마을 이웃으로는 '산신령 할매'가 있다. 약초 캐는 데 도가 튼 산신령은 스님의 약초 사부(?)다. 스님은 이 노파한테 산나물이랑 약초에 관해서 많이 배웠다. 산신령은 팔순이 넘었지만, 산에 오르면 누구보다 귀한 약초를 많이 캔다. 산골마을로 시집와 한평생 산비탈 흙만 뒤집으며 산 연륜인 것이다.

청상에 홀몸이 된 산신령 할매는 아들딸을 모두 키워 대처로 내보냈다. 자식들이 모두 도시에서 살고 있지만 하나같이 형편이 어렵다고 한다. 그래서 산신령 할매는 어쩌다 아들네를 다녀오면 더 열심히 일한다는 것이다.

이 산신령 할매에게는 한 가지 꿈이 있다. 부지런히 산나물을 뜯고 약초를 캐는 것은, 아들이 자가용 타는 것을 보고 싶은

약초 캐러 산에 오르던 아랫마을 '산신령 할매'가 두곡산방 뜰에서
합장을 하고 있다. 스님은 사월 초파일이면 연등 하나에
이들 이웃의 이름을 올려 처마 끝에 내걸고 부처님께 발원했다.

바람 때문이라는 것. 팔순 넘은 노모가 아들 차를 사는 데 돈을 보태 주고 싶어 이처럼 주구장창 산을 오른다는 것이다. 이렇듯 자식에게 보내는 무한 사랑, 대체 그것의 정체가 무엇인지 스님은 아득하기만 하다. 산신령 할매의 모정을 생각하면 언제나 애잔해진다.

사람은 누구나 한평생을 건너며 깜냥깜냥이 세파를 겪으며 살아가는 것인 만큼, 그 속에는 나름대로 삶의 의미가 있기에 함부로 타인의 생을 말하기 어렵다. 다만 산중에 사는 스님은, 그들의 아픔을 함께하고, 위무할 뿐이다. 스님은 매년 사월 초파일이면 두곡산방 마루 끝에 연등燃燈을 단다. 연등에 돌아가면서 빼곡히 이웃 한 사람 한 사람의 이름을 적는다. 그들 사는 한세상이 연화세상이 되기를 축원드리는 것이다.

스님은 '버부리 아낙'의 모진 세월이 고스란히 새겨진 약초 괭이를 청마루 벽에 걸어 두었다. 그리고는 가끔씩 그것을 내려 매만지는 스님은 무슨 생각을 할까?

군불을 들이며

스님은 군불 때는 아궁이 옆 벽에 "북풍아 불어라"라고 적어 놓았다. 그 아래는 이은상 노랫말 〈가고파〉가 삐뚤삐뚤 쓰여 있다. 아무래도 부지깽이로 쓴 듯하다.

"내 고향 남쪽 바다/ 그 푸른 물결 눈에 보이네/ 가고파라 가고파"

한겨울, 스님은 며칠간 은사 스님 절에 다녀왔다. 눈 온 뒤라 아직 두곡산방 청마루 창살에는 잔설이 쌓였고, 온 천지는 한 덩이 얼음덩어리였다. 스님은 덜덜 떨면서 쌓인 눈을 헤치고 불쏘시개 솔가리를 한 소쿠리 담아 왔다. 불쏘시개를 아궁이에 밀어 넣고 불을 지폈다. 눅눅한 솔가리는 좀처럼 불이 붙지 않았다. 입바람을 불어 가며 겨우 불을 붙이고, 바짝 마른 낙엽송 장작을 얼키설키 걸쳤다. 꺼물거리던 불이 이윽고 장작에 옮겨 붙어, 약간씩 구들장 아래로 빨려들었다.

불이 잘 탄다 싶을 즈음, 고래 안쪽으로부터 느닷없이 역풍이 휘돌아쳤다. 불이 아궁이로 확 쏟아져 나오면서 툭 꺼져 버렸다. 바람은 굴뚝으로 빠져나가야 할 연기를 아궁이로 뭉텅뭉텅 밀어냈다. 새파랗고 매운 연기가 부엌간에 가득하다. 눈을 뜰 수도, 앞뒤를 분간할 수도 없어 스님은 바튼 기침을 하며 연신 눈물을 닦았다. '훅훅' 입바람을 불어 보지만 꺼진 불을 다시 살려 내지 못한다. 아궁이에서는 연기만 더욱 거세게 밀려 나왔다.

스님은 더듬더듬 짚어 부엌간 밖으로 나와 옷자락에 눈물

두곡산방 뒤쪽 군불부엌 벽에 적힌 글, '북풍아 불어라'. 스님은 한겨울 모진 추위에 고생한 후 얼마나 절실한 마음에서 이 글을 썼는지 모른다고 말했다.

을 닦았다. 잠시 후 역풍이 잦아들었다. 연기가 고래로 빨려들자, 스님은 다시 불쏘시개에 불을 붙이고 재빨리 부채질을 했다. 되살아난 불길이 고래로 빨려드는 듯했다. 그러나 그것도 잠시, 또 불이 툭 꺼지고 아궁이는 연기를 토해 냈다.

"아궁이가 옳게 달궈지기만 하면 괜찮은데…, 그때까지가 이래요. 토굴을 짓기 전 화전민 집은 아궁이가 반대편 앞쪽에 있었는데, 이 집을 앉히며 동쪽으로 돌렸더니, 맞바람을 받아 그런가 봐요. 처음 산방을 지을 때 구들을 잘못 놓은 거지."

불씨를 꺼뜨렸다 살리기를 서너 번. 스님은 눈물 콧물 범벅

매운 연기에 눈물 콧물 범벅이 되도록 고생한 후에야 비로소 아궁이가 달궈져 알불이 방고래 안으로 빨려들고 있다.

이 되고, 찬바람에 볼이 시퍼렇게 얼었다.

"여기 적힌 '북풍아 불어라'는 글은 정말 얼마나 간절하게 쓴 건지 몰라요. 언젠가 나들이 길에 법정 스님의 《오두막 편지》를 읽었는데, 스님도 아궁이 불이 들지 않아 애를 자셨던가 봐요. 법정 스님도 나처럼 출타했다가 며칠 만에 토굴로 돌아오셨더랬어요. 오두막 둘레에 허리까지 온 눈을 치우고 군불을 들이는데, 아무리 부채질을 해도 불이 들지 않아, 할 수 없이 난로를 켠 채 이불을 둘러쓰고 밤을 새웠다고 해요. 다음 날 다시 시도했지만 고래가 막혔는지, 구들장이 내려앉았는지 도무지 군불이 들지 않더래요. 한겨울에 방을 뜯어고칠 생각을 하니 막막해서 '이 자식이 영 말을 안 듣네'라면서 거친 욕설이 튀어나오는 것을 가까스로 참았다고 적고 있어요. 재미있는 표현이기도 하지만, 참으로 공감이 가더라고요. 그렇게 화가 나는 중에 계속 부채질을 해대니, 그제야 굴뚝으로 연기가 조금씩 새어 나오더란 거지요. 나중에 보니까 집을 비운 사이 덮개 없는 굴뚝으로 눈이 들어가 얼어붙어서 그랬던가 봐요. 그걸 보고 중들은 똑같다는 생각이 들어 우습기도 하고, 한편으로는 불 땔 일이 슬며시 걱정되기도 하더라고요."

그러면서 스님은 눈물이 그렁그렁한 눈으로 부채질을 해댔다.

"그래도 법정 스님은 굴뚝이 얼었기에 녹으면 해결되지만, '이 자슥은' 본디 구들이 잘못 놓였으니 어쩔 도리가 없어요. 이것 때문에도 겨울에는 어디 먼 길 나서기가 싫어요. 불이 안 들이면 밤새 냉방에서 떨 수밖에 없지요. 겨울에는 바깥나들이를 하더라도 꼭 낮에 돌아와야지 그렇지 않으면 밤새도록 떨기 십상이지요."

고개를 외로 꼬고 열심히 부채질한 끝에 겨우 장작개비에 불이 옮겨 붙었다. 아궁이는 역풍이 불어와도 더는 꺼지지 않고 널름거리며 불꽃을 밀어내기만 한다. 이리저리 불길을 피해가면서 장작을 아궁이가 그득하도록 집어넣는다. 아래쪽 장작개비는 벌겋게 이글거리는 알불이 되었다. 아직 등짝은 시리지만 부엌간에는 이윽고 훈기가 돌았다.

'북풍아 불어라'고 적어야 하는 스님의 겨울은 모질기만 하다. 이렇듯 혹독한 겨울을 겪은 후 맞이하는 스님의 새 봄은 축복일 것이다. 산중 스님은 따뜻한 봄이 그립다.

21×31cm
부엌에서 군불을 때며 아궁이 이맛돌에 묻어 있는 그을음으로
나무 꼬챙이를 붓 삼아 그린 그림.

겨울 산방

겨울 산은 늘 눈 숲이다. 눈 온 뒤 대기는 시리고 바람은 매섭다. 거세게 몰아치는 골바람은 두곡산방 지붕 위의 눈을 쓸어내려 앞산 계곡으로 밀어 올렸다. 저녁 어스름이 들면서 바람은 한층 날카로운 비명을 질러 댔다.

스님은 청마루 창밖으로 꽁꽁 얼어붙은 마당을 내다봤다. 〈해발 850M〉. 스님이 깎아 박은 표목이 마당의 마른 풀들 사이 언 눈을 이고 있다.

두곡산방을 세운 이듬해. 그날도 이렇게 눈바람이 날렸다. 그 얼음구덩이 속에 어디서 나타났는지 한 무리의 군인들이 덕동 골짜기에 들이닥쳤다. 공수부대원들이 겨울을 맞아 혹한기 훈련을 하는 중이었다. 군인들은 머리에 더운 김을 무럭무럭 피워 올리며, 앞 개울가 나무의자에서 휴식을 취했다. 스님은 한겨울 인적이 끊긴 산골로 찾아든 군인들이 반가웠다. 그들에

두곡산방이 자리한 덕동은 남부지역이지만 높은 산 중턱에 위치해
겨울철이면 늘 눈이 무릎이 빠질 만큼 쌓인다. 인적이 끊긴 두곡산방 사립문.

스님이 산방 마당에 깎아 세운 고도 표목.

게 다가가 몇 마디 이야기를 나누는 중에 지휘관의 손에 들린 군사지도가 눈에 띄었다.

"여기는 해발고도가 얼마나 되는지 나와 있습니까?"

스님 물음에 그는 지도를 확인하고는 해발 850미터라고 일러 주었다. 그렇게 10여 분 휴식을 마친 그들은 발걸음을 재촉해 떠났다. 민주지산까지 가야 한다면서, 어디서 포획했는지 흑염소 한 마리를 앞세운 채였다. 스님은 산을 오르는 그들 뒷모습이 안쓰러웠다. 아무리 공수부대라지만 이 혹한에 산중에서 어떻게 버틸지 걱정스러웠던 것이다. 아니나 다를까! 며칠후 라디오에서 혹한기훈련을 하던 군인들이 민주지산에서 여러 명 동사했다는 뉴스가 흘러나왔다. 뉴스를 듣는 순간 군사지도를 들여다보던 지휘관의 모습이 생생히 떠올랐다.

눈이 녹은 후 스님은 죽은 소나무를 베어와 자귀질해서 다듬었다. 사각을 방위에 맞춰 동, 서, 남, 북 글씨를 파고, 한쪽은 〈해발 850M〉를 음각하여 마당 가운데 박았다. 그 공수부대원들의 얼굴을 떠올리며….

스님은 그 겨울 일을 생각하며 청마루 창을 열었다. 순식간에 칼날 같은 바람이 콧속을 후비고 들었다. 스님은 곱은 손을 비비며 장작 한 아름을 안고 와서 아궁이 앞에 쌓인 눈을 쓸어낸 후 불쏘시개에 불을 붙였다.

겨울 산중에서는 먹을거리만큼이나 절박한 것이 땔감이다. 산중은 9월 들면서부터 아랫목에 불기 없이는 견딜 수 없기 때문에 땔감은 조금도 소홀히 할 수 없는 산중 살림거리이다. 그것을 잘 아는 스님은 겨울이 들면 눈이 쌓이기 전에 부지런히 나무하러 산에 오르는 것이다.

하루 두어 짐씩 죽은 낙엽송을 베어 버덩으로 져다 나른다. 낙엽송은 불 때기 좋도록 팔뚝 길이로 가지런히 톱질한 다음 도끼질한다. 쪼갠 장작은 버덩의 북쪽과 동쪽을 삥 둘러 한 길 높이로 차곡차곡 쌓아 둔다.

눈 덮인 겨울날, 하루는 냉방에 이불을 둘둘 말고 앉아 떤 적이 있다. 역풍이 심해 방에 군불을 못 들인 것이다. 스님은 뼛속까지 파고드는 한기로 숨도 크게 못 쉬고 앉아 있었다. 그날따라 하필이면 한밤중에 속이 불편했다. 일을 보려고 해우소에 갔다. 바지를 내리고 앉았지만 볼기짝이 얼어 견딜 수가 없었다. 너무 추워 턱을 덜덜 떨며, 바짓가랑이를 대충 끌어올려 거머쥔 채 방으로 쫓아 들어왔다. 그때 스님은 퍼뜩 한 생각이 떠올랐다. 눈보라를 헤치며 산 능선을 타고 가는 한 무리 빨치산의 모습이 언뜻 스친 것이다.

'공수부대 군인들도 얼어 죽는데, 과연 그 옛날 지리산 빨치산들은 이 겨울을 어떻게 났을까?'

한겨울 눈에 덮여 고드름을 매단 덕동마을 대문채.

스님은 대구에 볼일 보러 나간 김에 헌책방에 달려갔다. 이 태 작가의 소설 《남부군》을 한 질 사기로 마음먹은 것이다. 달 리 생각을 일으켜, 이 산속 겨울 추위와 한번 맞서 보겠다는 오 기가 일었던 것이다. 스님은 《남부군》을 읽고 큰 충격을 받았 다. 그들은 쌓인 눈을 발로 다져 청솔가지를 꺾어 깔고, 그 위에 누워 서로의 체온에 의지한 채 겨울밤을 났다. 허리까지 차오 르는 눈을 서로 교대로 헤쳐 나가며 전투를 하고, 한 줌 쌀로 보 름을 견뎌 내면서….

스님은 《남부군》을 읽고 '인간에게 한계란 없다'는 말이 틀 리지는 않다 싶었다. 그 이후, 스님은 냉방에서 빵모자를 뒤집 어쓰고 앉아서도 빨치산보다는 낫다고 생각하면서 스스로 위 로한다.

"옛날 선사들은 '기한飢寒에 발도심發道心한다'고 했지요. 말 그대로 춥고 배가 고파야 더 간절해지고, 그래야만 깨달음을 얻을 수 있다는 것이지요. 이로 말미암아, 어려운 시대에 도인 이 난다고도 했던 것입니다. 참으로 옳은 말일 터이지만, 그렇 다고 내가 대각大覺을 꿈꿀 일도 없고…."

육잠 스님은 혼잣말하면서 나직이 옛 선사의 시 한 편을 읊 는다.

柴門逈世擁千崟　林逕無人雪色深

何物有情天上在　夜來明月獨窺尋

굳게 닫힌 사립문은 천의 봉우리를 끌어안고

인적 끊긴 숲길에는 흰 눈만이 깊네.

저 하늘 위에는 무슨 정 있는 것이 있기에

밤이면 밝은 달 저 홀로 와서 엿보는지.*

숨이 컥컥 막히는 산중 겨울. 힘겹다고 탄식해 봐야 달라지
는 바는 없다. 그렇다고 굳이 겨울나기의 힘겨움을 숨길 것도
없고…. 스님은 그저 눈바람 솟구치는 건너 숲을 바라다볼 뿐.

---

* 　조선시대 편양(鞭羊) 선사(1581~1644)의 시 〈차박상사장원운〉(次朴上舍長
遠韻).

다시 구들을 놓고

여름 불볕더위를 지나는 동안 스님은 손수 별채 한 채를 지었다. 6평 정도 됨 직한 겨울 토굴. 겨울철마다 추위에 떨다가 큰마음 먹고 일으킨 공사였다. 산방 본채 위쪽에 나란히 앉은 이 집은 작지만 방 2개, 부엌 하나의 3칸 황토 집으로 단아하면서도 앙증스럽다.

간밤, 군불을 넣고 홑이불 하나만 덮은 채 스님과 자글자글 끓는 방에 누웠다.

"스님, 뜨뜻한 온돌방에 등짝 붙이고 누웠으니 몸도 마음도 다 풀리는 것 같습니다."

"그래요? 그렇다면 다행이네요. 옛 일본 선사의 글*에 보면

---

* 가모노 조메이(鴨長明, 1155~1216)의 《방장기(方丈記)》. 가모노 조메이는 가마쿠라시대 시인으로, 조정에서 와카집을 편찬하는 일을 하다가 쉰 살에 출가하

스님은 여름이 지나는 동안 방 두 칸 부엌 한 칸의 6평 산방 별채를 지었다.

그런 게 있습니다. 지금 쓸쓸하지만 나는 이 한 칸 암자를 사랑
한다. 때로 읍성에 나들이 가면 걸승의 행색이 부끄럽기는 해
도, 이곳으로 돌아와 앉았으면, 세상 명리에 사로잡혀 발버둥치
는 마을사람들이 안쓰럽게 느껴진다고 했지요. 그러면서 선사
는 누가 내 말이 빈말같이 들리면 물고기와 새를 보라고 그랬어
요. 물고기는 물을 싫어하지 않고, 새는 수풀을 원한다면서, 물
고기와 새가 아니고야 어떻게 그 마음을 알 수 있겠는가고 되묻
지요. 한거閑居의 묘미도 그것과 다름없다고 했지요. 이 한 칸 암

여 작은 암자에서 은둔생활을 즐겼다.

자에 살아 보지 않고 누가 말할 수 있겠는가 라고 했습니다."

"물고기가 되고 새가 된 기분을 알 듯도 합니다."

10월 숲속은 고요하여 밤 9시가 넘으니 이미 산짐승들도 모두 잠이 들었다. 호롱불에 일렁이는 그림자를 동무 삼아 이런저런 이야기를 나누다가, 어느새 스님도 잠이 들었나 보다.

구들 놓는 날. 부스럭거리는 기척에 잠이 깼다. 손 맞잡이할 일꾼이 없던 차에 객이 때맞춰 하룻밤을 잔 것. 이젠 응당 밥값을 해야 할 터이다.

아침 공양을 마치고 장갑을 단단히 꼈다. 막상 일은 시작했지만 적잖이 불안했다. 스님은 아직 한 번도 구들을 깔아 본 경험이 없고, 어깨너머로 본 것이 전부라고 했다. 시원찮은 잡부인 객도 구들 놓아 봤을 리 만무. 가뜩이나 아궁이 불이 들지 않아 다시 겨울 토굴을 짓는 판에 이 집마저 불이 들지 않으면 낭패인 것이다.

"온돌 구들 놓기는, 돌을 괴고 위에 구들만 놓으면 될 성싶지만, 그게 그리 간단한 일이 아니더라고요. 우선 아궁이와 굴뚝 방향을 잘 잡아야 불이 잘 든대요. 불목이 너무 높으면 나무만 많이 들고 방이 잘 데워지지 않고, 반면 너무 낮으면 불이 잘 들이지 않고 들이더라도 금세 식어 버린다고 해요. 또 고래가 좁으면 불길이 막히고, 넓으면 불길이 연도로 곧바로 빨려나가

264

버려요. 어쭙잖아 보이지만 온돌은 그야말로 고도의 과학이라는 말이 맞는 것 같아요."

스님은 그동안 귀동냥한 것을 더듬어 이미 불턱 공사를 마무리지은 상태였다. 내친김에 함실을 만들고 굴뚝개자리도 파두었다. 스님은 우선 막돌 둘을 맞붙여 세워 놓고 불목을 만들기 시작했다. 불목 괴돌 위에는 그중 두툼하고 넓은 구들장을 둘이서 힘겹게 들어다 얹었다. 다시 뒤를 이어 괴돌을 놓고, 두껍고 넓은 것부터 차례로 깔아 나갔다. 두 구들장 사이에 뜨는 틈새는 편편한 돌로 메웠다.

잠시 허리를 펼 여유도 없었다. 괴돌을 놓고, 황토를 이겨 바르고, 구들을 올리고…, 그런 다음 위에 올라서서 발로 구르면서 구들이 노는지 확인했다. 구들이 조금이라도 움직이면 잔돌을 끼워 구들을 고정시켜야 하는 것이다. 작은 방 한 칸이지만 작업은 더디게 진행되어 산 그림자가 드리워질 즈음에야 구들은 얼추 모양새를 갖추었다. 마무리 작업으로 구들 위에 황토를 두툼하게 펴서 깔았다. 연기가 새 나와 다시 뜯어내는 일이 없기만 바라면서….

몸은 후줄근히 늘어졌지만, 구들이 잘 놓였는지 어쩐지 조바심이 났다. 스님은 서둘러 불을 지펴 아궁이 깊숙이 들였다. 구들 위에 깐 황토에서 더운 김이 슬슬 피어올랐다. 불을 들이

265

별채 구들을 놓은 후 첫 불을 들이자 한 시간 남짓 지난 후
방바닥에 김이 오르면서 훈기가 돌았다.

고 한 시간 남짓 지나자 방바닥이 뜨겁게 데워졌다. 스님은
아궁이 불을 들이며 말했다.

"불도 잘 들이고 연기 새는 곳도 없고 잘된 것 같네. 오늘 내
가 또 궁궐 한 채를 얻었습니다."

이미 가을 햇살이 스러진 마당 끝, 머리 위에서는 '또르르
륵, 또르르륵' 경쾌한 소리가 들려왔다. 딱따구리 한 마리가 호
두나무 썩은 둥치를 열심히 쪼고 있다. 날이 춥기 전에 서둘러
보금자리를 만들려나 보다.

별채에 구들을 놓은 스님도, 호두나무에 거처를 마련한 딱
따구리도 오는 겨울을 따습게 날 것이다. 숲속의 것들은 모두

266

주어진 환경을 불평하지 않고 그것에 적응한다. 그것이 곧 자연에 의지하는 삶의 본모습일 터이다. 이 겨울 집에서 스님은 면벽하면서 긴긴 겨울을 흔연스레 날 것이다.

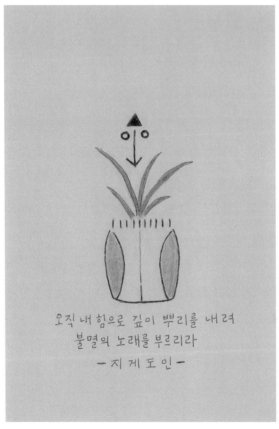

18×26cm

267

만행

　스님들은 결제가 끝나면 바랑을 지고 길을 나선다. 만행을 떠나는 것이다. 만 가지 것을 행한다는 만행은 부처님 당시 수행자들이 누더기 옷을 입은 채 걸식을 하면서 육바라밀행을 몸소 실천하는 두타행頭陀行*에 뿌리를 두고 있다.

　육잠 스님의 걸음걸이에는 바람 냄새가 스며 있다. 스님도 가끔 문득 길을 나선다. 스님에게 만행은 밖으로부터 안을 들여다보는 정관靜觀의 한 방편이다. 여느 절집 스님들과 같이, 어느 한곳에 매이지 않는 운수납자雲水衲子로서, 두루 세상을 편력하는 것이다.

　《금강경》에서는 "응무소주應無所住 이생기심而生基心"이라고

---

* 출가 수행자가 속세의 것들을 떨쳐 내고 몸과 마음을 닦으며 고행을 능히 참으며 하는 행각.

가을날 만행에서 돌아와 토굴 사립문으로 들어서는 육잠 스님.
스님들의 만행은 세상을 두루 떠돌면서 참 나를 찾는 한 방편이다.

했다. 마땅히 머무는 바 없는 그 마음을 내라는 말이다. 마치 바
람이 허공에 머무는 바 없이 소리를 만들고, 구름 또한 맺히는
바 없지만 형상을 만들듯, 구도자의 마음도 머무는 바 없이 정
진의 마음을 내야 한다는 것. 출가자를 두고 구름이고, 물이라
고 한 것은 둘 다 머무르는 바, 맺히는 바 없이도 늘 형상을 달
리하기에 이름이다.

　여름날 하루, 낯선 방문객이 두곡산방을 찾아왔다. 그는 오
지여행을 하고 있는데, 덕동마을 소문을 듣고 왔다는 것이었
다. 이야기 끝에 스님은 가본 곳 중에 가장 깊은 오지가 어딘지

물었다. 그는 하늘도 세 평, 땅도 세 평, 영동선이 지나는 봉화 각금마을이라고 했다.

가을날 아침, 스님은 창고 지붕에 올라 고추를 널다가 무심코 고개를 들었다. 깊고도 푸른 하늘이 끝 간 데 없이 이어졌다. 스님은 문득 '내가 선 곳은 어디쯤일까' 궁금해졌다. 불현듯 여름날 이야기를 들었던 각금마을 사람들의 삶이 한번 보고 싶어졌다. 스님은 반쯤 널던 고추를 도로 걷어 내려왔다.

고추를 청마루에다 널어놓고는 서둘러 길을 떠났다. 스님은 댓바람에 동대구역으로 가서 영동선 열차에 올랐다. 완행열차는 한 사람이 타고 한 사람이 내리는 시골역을 훑으며, 세월 없이 달렸다. 열차가 봉화 석포역에 닿았을 때는 이미 날이 어두웠다.

스님은 석포역에 내려 근처 여인숙에 들었다. 뜬눈으로 밤을 새우고, 다음 날 일찌감치 승부역을 향해 바쁜 걸음을 놀렸다. 산속에 파묻힌 각금마을은 드나드는 길이 따로 없어 승부역에서 철길을 따라 걸어 들어가는 길이 유일했다. 옛날 이 마을 사람들은 5일장 보러 춘양이나 봉화로 나갔다. 그럴라 치면, 열차가 마을 근처를 지날 때 봇짐을 창밖으로 던져 놓고 승부역까지 가서 철길을 되짚어 걸어왔다.

스님은 외길인 철길을 따라 걸었다. 피할 곳도 없는 철교를

- 만행 - 2016 지게도인

20×28cm

무단으로 건너고, 1킬로미터나 되는 터널을 손전등에 의지해 통과했다. 터널을 지날 때는 혹시라도 열차가 올까 봐 간이 다 오그라들었다. 이윽고 산속 각금마을에 도착했다. 두 가구가 산다던 마을은 이미 사람들이 모두 떠나 버리고 텅 비어 있었다. 진작 인기척이 끊긴 마을은 무한 적막만 감돌았다. 쇠락한 집들의 양철지붕은 오래 전 삭아 바닥에 주저앉았고, 좀먹은 나무 문짝이 나뒹굴고 있었다. 제법 모양새를 낸 기와집도 기우뚱한 채 굴뚝에 온기가 식은 지 오래였다. 마을은 스산함만 감돌았다.

스님은 바랑을 벗고 먼지 쌓인 마룻장에 걸터앉았다. 따가운 햇살은 빈집 구석구석 내리쪼이는데, 마당에는 시들어 가는 명아주가 간간이 불어오는 바람에 흔들리고 있을 뿐이었다. 스님은 허허로웠다. 그 어디에도 산수 간에 처한 사람들의 유유자적은 찾아볼 수 없었다. 모진 생을 부지하고자 이곳까지 찾아들었을 그 사람들을 생각하니 기가 막힐 뿐이었다.

밀려드는 묘한 슬픔. 스님은 참담함에 쫓기듯 급히 각금마을을 빠져나왔다. 당장 토굴로 돌아가고 싶었던 것이다.

어느 해 겨울, 스님은 골바람이 문풍지를 흔드는 소리뿐인 산방에 앉아 있었다. 팔다리 근육이 굳는 것 같았다. 사람 본 지

오래다 보니 바깥세상 일이 몹시 궁금하기도 하여 스님은 바랑을 지고 나섰다. 작정한 대로, 대구 팔달시장 인근에 있는 인력시장으로 향했다. 인력시장은 예전 두곡산방 지을 때 나무 켜러 제재소 왔다가, 날품을 팔기 위해 사람들이 아침 일찍부터 모여 있는 것을 이미 보아 둔 터였다.

스님은 근처 여인숙에 방을 얻고, 다음 날 당장 허름한 작업복에 털모자 차림으로 인력시장으로 나갔다. 힘깨나 쓰게 보인 때문인지 운 좋게 첫날 일자리에 불려 나가게 되었다.

봉고차에 실려 도착한 곳은 다세대주택 건축현장. 스님에게 맡겨진 일은 붉은 벽돌을 져 나르는 일이었다. 지게질이야 산중에서 늘 하던 일이니 그리 힘들 것도 없었으나 먹을거리가 영 불편했다. 공사현장의 음식들은 대부분 기름진 것으로 잘 맞지 않았다. 그렇다고 애써 거부하거나 즐길 수도 없는 것. 그저 일하기 위해 먹고 그 힘으로 내 일처럼 열심히 해줄밖에….

오후 새참시간, 스님은 바람이 막히는 벽 모퉁이 양지쪽에 앉아 쉬었다. 일꾼들이 둘러앉아 술을 마시는 가운데 한 아주머니가 소리 낮춰 하는 말이 들렸다.

"저 아저씨는 꼭 절의 중 같아 보이네."

아무래도 절집 냄새가 나는 모양이었다. 그러자 한 사내가 소주잔을 들고 스님을 손짓하여 불렀다.

"어이, 주사양반! 여기 와서 목 좀 축이소."

스님은 사양하면서 웃음으로 화답했다. 그렇게 사흘을 일하고 일감이 떨어졌다. 며칠 따뜻하다가 한파가 몰아친 탓인지, 아침 내내 기다렸지만 끝내 부르는 사람이 없었다. 스님은 마을로 나온 김에 세상구경이나 하자는 생각에 발걸음을 대구역 쪽으로 돌렸다. 아직 문도 열지 않은 상가들을 지나 칠성시장 굴다리 아래 다다랐다.

굴다리 밑은 아침 냉기가 콧속에 찡하게 스며드는데, 한쪽 구석에 조그만 고물 좌판이 펼쳐져 있었다. 고물이라고 하지만 헌 운동화와 옷가지 따위로, 쓰레기나 다름없었다. 스님은 과연 저런 걸 누가 살까 생각하며 물건들을 살펴보았다. 그때 옆에 놓인 헌 이불 무더기 속에서 밭은 기침소리가 났다. 스님은 살며시 누더기를 들쳐 봤다. 그 속에는 한 노파가 웅크리고 있었다. 노파는 추위에 고개가 흔들릴 만큼 심하게 떨었다. 종일 햇빛 한 줄기 들지 않는 어두컴컴한 굴다리 밑은 얼음 창고나 다름없었다. 누군가가 할머니 무릎 앞에 두고 간 국화빵이 꽁꽁 얼어 있었다. 한파가 몰아친 간밤 동안, 할머니는 누더기 이불 한 장을 덮고 밤을 샌 것이었다.

스님은 할머니를 깨웠다. 왜 여기서 이러고 있는가 물었다. 할머니는 집세를 내지 못해 쫓겨나, 오갈 곳이 없다는 것이었다.

스님은 주머니에서 만 원짜리 한 장을 꺼내 따뜻한 국밥이라도 한 그릇 사 드시라고 쥐여 드렸다. 스님은 눈가가 짓무른 할머니를 애써 외면하고 자리를 떴지만 종일 마음이 편치 않았다.

스님은 며칠을 더 공사판에서 일한 후 바랑을 챙겨 산방으로 돌아왔다. 스님은 다시 일상으로 돌아왔지만 그 겨울 동안 내내 굴다리 밑 할머니가 신경 쓰였다. 이른 봄, 대구에 볼일이 있어 나간 김에 다시 칠성시장 굴다리 아래로 가 봤다. 그곳에는 할머니도, 좌판도 깨끗이 치워지고 없었다. 스님 머릿속에는 계속 불길한 생각이 맴돌았다.

차가운 돌멩이처럼 웅크린 채 벌벌 떨고 있었던 할머니. 과연 할머니의 그 자리는 어떤 자리였을까? 따뜻한 아침밥을 꼬박꼬박 챙겨 먹으며 지금 햇빛 속을 걸어가는 나는, 세상과 어떤 관계 속에 묶여 있는 것일까. 스님은 세상으로 시선을 돌릴 때마다 늘 자문自問한다. 그리고 자답自答한다.

처연한 각금마을도, 추위에 떠는 할머니도, 모두 내가 사는 마을의 풍경인 것을.

대구 칠성시장 모퉁이
하루 종일 칼바람 맞으며
용맹정진하는
대보살이 있습니

지게도인

25×38cm

나를 찾아가는 길

육잠 스님은 동티베트 마니아다. 두곡산방 청마루 벽에는 티베트 아이들의 사진 한 장이 걸려 있다. 때묻은 손뜨개질 옷을 입고 남루한 신발을 신은 까까머리 두 아이. 꼭 1950~60년대 우리들 모습이다. 카메라에 잡힌 얼굴은 땟자국으로 얼룩졌지만, 하얀 웃음은 더없이 해맑고 천진하다.

티베트 아이들의 천진난만함을 동경하던 스님은 어느 날 눈이 번쩍 뜨이는 장면과 맞닥뜨리게 되었다. 그해, 새해를 맞아 은사 스님 절에 문안드리러 갔다. 저녁 공양을 마치고 TV를 켰다. 화면에는 마침 〈차마고도茶馬古道〉라는 다큐멘터리 프로그램이 방영 중이었다. 5부작 가운데 '순례자의 길' 편이었다. 중국 쓰촨성에서 티베트 라싸의 조캉사원을 향해 오체투지하며 순례 떠나는 사람들의 모습이 비춰진 것이다. 평범한 유목민 일행이 리어카를 끌고 5보 1배 오체투지를 하며, 하루에 6킬로

산방 벽에 걸린 동티베트 아이들의 천진스런 얼굴. 스님은 〈차마고도〉를 보고
동티베트 마니아가 되고 끝내는 천장을 하는 현장까지 찾게 되었다.

미터씩 고산길 2천 킬로미터를 6개월에 걸쳐 떠나는 초인적인
고행길. 스님은 그들의 행각이 너무도 놀라웠다.

고무조각 앞치마를 두르고, 혹이 생기도록 이마를 짓찧으
며 오체투지를 하며 참파 한 조각과 차 한 잔으로 끼니를 때우
는 순례자들. 밤이면 영하 20도의 천막 속에서 불경을 읽으며
한 발 한 발 라싸 조캉사원으로 향하는 신심信心….

'온몸을 내던지며 순례의 길을 나선 저들의 간절함은 과연 무엇일까?' 같은 부처님의 제자로서 그 광경이 육잠 스님에게 너무 큰 울림으로 와 닿았다. 그 경이의 실체를 느껴 보고자, 스님은 그간 모아 뒀던 비상금을 털고 은사 스님의 도움을 받아, 당장 티베트로 날아갔다.

그러나 당시는 라마스님들이 중국으로부터 분리독립을 요구하며 분신하는 일이 잇따르면서 티베트로 들어갈 수가 없었다. 스님은 아쉬움을 달래며 동티베트 지역으로 발길을 돌렸다. 그렇게 시작된 여행으로 중국 윈난성과 쓰촨성 일대를 수차례 드나들게 되었다. 스님은 오랫동안 혼자 돌투성이 길을 걸으며 그 척박한 땅의 사람들과 이야기하고, 또 그들의 간소한 생활을 들여다보았다.

그러나 그것으로는 인간 삶의 본래 면목을 찾기에는 아직 목이 말랐다. 오히려 오체투지와 같은 간절함에의 갈증은 더 심해졌다. 그런 궁극, 죽음의 경계에서 삶의 모습을 정면으로 바라보고 싶어졌다.

스님의 마음속에는 육신의 허망함, 그 실상을 맞부딪혀 보고 싶다는 바람이 움텄다. 나 스스로 온전히 감당해야만 하는 몫, 죽음을 직시하는 것만이 기갈을 풀어 줄 것 같았다. 그래서 티베트인들의 천장天葬, 즉 죽은 사람의 육신을 독수리에게 공양해

하늘에 바치는 그 장례 현장으로 가 보기로 했다.

내일 생生이 마감된다 하더라도 남은 인연들에게 손 한 번 흔들어
주고 뒷산 바람 따라 후루룩 갈 수 있어야 할 텐데….
이 절절한 화두話頭를 안고 내 앞에 던져진 도전과 열망으로 찾아
간 곳! 죽음이 삶을 향해 나직이 타이르며 생生의 무상함을 극명
하게 보여 주는 자리. 죽은 자의 몸뚱이를 시퍼런 칼로 툭툭 잘라
하늘에 바치는 공양. 천장天葬!
육신의 허망함, 그 실상을 똑똑히 보고 싶었다. 내가 온전히 감당
해야 할 내 몫이기에.*

육잠 스님은 여름날 오전, 콩밭을 매다 말고 홀린 듯 호미를
내던지고 동티베트로 향했다. 곧장 쓰촨성 청두로 날아가 마얼
캉으로 직행했다. 최종 목적지는 천장을 볼 수 있는 해발 3,900
미터 오지 작은 도시 써다色達의 오명불학원五明佛學院. 스님은 조
그만 승합차를 타고 비포장도로를 15시간 달린 끝에 오명불학
원에 도착했다. 오명불학원에 머무는 동안 추위에 떨고, 머리가
터질 듯한 고산증에 시달리며 기어코 천장터를 찾아갔다.

---

*   동인지《글과 그림》중 발췌.

5평 남짓의 천장터. 유족들은 나무 궤짝, 플라스틱 통, 심지어 자루에 시신을 담아 작은 승합차나 오토바이에 싣고, 천장 시간에 맞춰 모여들었다. 앞치마를 두른 두 명의 라마승 천장사는 시신들이 부려지는 동안 팔뚝만 한 칼을 꺼내 숫돌에 쓱쓱 갈았다. 칼 갈기를 마친 두 명 천장사는 장의葬儀를 시작했다. 무심하게 시신의 팔과 다리를 툭툭 내려쳐 잘랐다. 피와 살점이 사방으로 튀었다. 천장사 뒤의 유족들은 그 모습을 담담하게 지켜보고 있었다. 누구도 눈물을 흘리지도, 통곡하지도 않았다. 자기 차례가 되어 천장사가 건네주는 머리카락을 비닐봉지에 담아 발걸음을 돌릴 따름이었다. 죽은 자가 남기는 것은 그것뿐이었다.

작업을 마친 천장사는 뒷마무리로 찢긴 살덩어리와 함께 두개골이며 남은 뼈들을 모아 돌확에 올려놓고 잘게 부쉈다. 그리고는 천장터 주변 풀밭에서 기다리고 있던 독수리에게 그것들을 던져 줬다. 천장을 마친 유족들은 승합차를 타고, 혹은 오토바이를 타고 사라져 갔다. 그저 그뿐이었다. 다만 간간이 찬비가 내리는 천장터 옆에서 티베트 장족 여인 서넛이 만가挽歌를 부르며 죽은 영혼들을 달래 주고 있었다.

스님은 생각했다. 부모와 형제, 자식을 독수리에게 던져 주고 돌아가는 저들의 심정은 어떨까? 티베트 사람들이 저렇듯 철저히 윤회를 믿도록 만드는 것은 무엇일까? 저렇듯 생生의 무상함을 뼛속 깊이 받아들이는 것은 어인 까닭인가! 하기야 그런 신심이기에 오체투지를 하며, 험한 산을 넘고 물을 건너 라싸로 향할 수 있는 것이겠지. 천장터에서 돌아온 스님은 말한다.

"생生, 주住, 이異, 멸滅!"
이것은 부처의 가르침도, 성현의 말씀도 아니다. 인생의 철리哲理인 것. 천장터에 벗겨진 알몸뚱이가 남의 것이 아니다. 내 육신의 다른 모습일 뿐. 절대, 절대 헛된 욕망에 눈멀지 말 것. 반드시 죽는다는 것을 생각할 것. "本來無一物(본래 한 물건도 없었네)." *

본래 한 물건도 없는 것을, 어디서 나를 찾겠는가!

---

* 《글과 그림》에 실린 스님의 동티베트 기행 중 일부.

〈오온이 공하므로 나 또한 똥이구나〉, 21×30cm

스님의 옷

성철 스님은 생전에 누더기 한 벌로 지냈다고 한다. 고승대덕高僧大德은 결코 입성 따위에 관심을 두지 않는다고 했다.

육잠 스님의 입성도 참 볼품없다. '단벌 스님'이다 보니 20년 넘게 입은 누비승복은 원단보다는 꿰맨 자리가 더 많이 차지한다. 바느질한 지가 오래된 옷자락은 연회색, 요즘에 꿰맨 옷고름은 진회색이다. 목 솔기 부분은 부드러운 잿빛 수건 쪼가리를 덧대 기웠다. 갖가지 헝겊을 누덕누덕 바느질한 승복은 이젠 조각보 예술품이 되었다.

지나치는 사람들이 간혹 큰스님 행색 흉내 낸다고, 겉멋이 들어 그러는가 보다 하면서 오해할 만도 하다. 그런데 그게 아니다. 스님은 어릴 때부터 체질적으로 새 옷이 맞지 않았다. 어쩌다 명절날 새 옷 한 벌 얻어 입으면, 기분이 좋기는커녕 어색했다. 남들이 쳐다보는 것 같아 신경이 쓰여 어서 낡아 주름도 없어지고, 무릎도 튀어나와 편안해졌으면 좋겠다 싶었다. 그러고 보면 육잠 스님은 천상 스님 사주를 타고났는지 모른다. '분소의糞掃衣', 즉 똥걸레를 빨아서 기워 입는 구도자의 팔자.

입성에 대한 무신경함이 어찌 어릴 적 버릇에서만 연유할까. 스님은 옷이란 것은 단지 가릴 것 가려 주고, 추위나 막아 주면 된다는 정도로 여긴다. 중요한 것은 겉에 걸친 옷이 아니라 안에 가려진 본모습이라는 생각이다.

"옛날 한 선사가 탁발托鉢을 나섰겠지요. 남루한 차림으로 어느 부잣집 잔치에 가서 밥 한 그릇을 청했습니다. 그러자 집 주인은 동전 한 닢을 던져 주며 내쫓아 버렸습니다. 다음에 다시 그 집에서 큰 잔치가 벌어졌습니다. 선사는 옷을 잘 차려입고 그 집을 갔습니다. 그러자 주인은 청하지도 않았는데 '큰스님이 이렇게 찾아 주시니 영광입니다' 하면서 한 상 가득 음식을 차려 내는 것입니다. 선사는 아무 말 없이 옷을 벗어 놓고 그 옆에 가만히 앉았습니다. 놀란 주인이 무슨 일인지 물었겠지요. 그러자 선사는 '먼젓번 내가 남루한 차림으로 왔을 때는 쫓아내더니 오늘 잘 차려입고 오니 이렇게 후한 대접을 하는구려. 그러니 이 음식은 나에게 주는 것이 아니라 옷한테 주는 것이 아니겠소'라고 했습니다. 흔히 사람들은 사람이 아닌 옷이라는 허상을 보는 경우가 많지요. 그렇다고 운수납자조차 거기

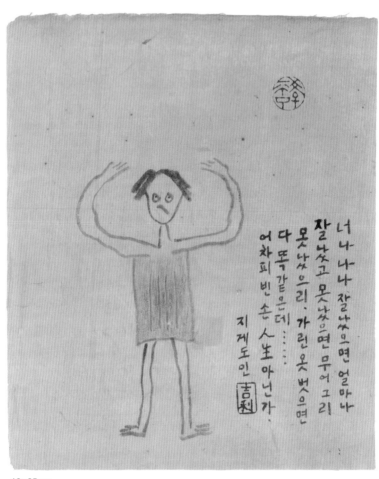

너나 나나 잘났으면 얼마나
잘났고 못났으면 무어 그리
못났으리. 가린 옷 벗으면
다 똑같은데······
어차피 빈손 人生아닌가.

지게도인

40×35cm

에 휘둘릴 턱이 없지요."

초봄 어느 날, 스님한테서 편지가 왔다. 대구에 일이 있어 나간다면서 점심 공양이나 같이하자는 것이었다. 약속한 시내 서점에서 기다렸다. 점심시간이라 북적이는 인파 속에서도 한눈에 스님은 찾을 수 있었다. 스님은 늘 입고 다니는 낡은 누비 승복에 철 이른 밀짚모자, 그것도 군데군데 꿰맨 챙을 바람에 날리면서 나타났다. 늘 그렇듯 목에는 파란 세면 타월을 목도리로 감고 있었다. 그런데 등에는 평소와는 달리 큼지막한 바랑을 지고 있었다.

"스님, 먼 길 나들이라도 하고 오시는 길입니까?"

"아니. 날도 풀리고 해서 농사준비를 좀 한다고 내려왔어요."

스님은 지루한 겨울 끝자락에 파종할 종자도 사고, 옷도 좀 살 겸 해서 나왔다고 했다. 옷을 산다기에 새로 승복이라도 한 벌 장만했나 싶었다. 그런데 바랑에서 뒤적뒤적 꺼낸 것들은 난전 옷가게서 산 작업복이 전부였다.

두곡산방에 가면 늘 만나는 장면이 있다. 조그만 장독간 옆 바위 위에 널린 양말이다. 양말들은 이미 색이 바래 희끄무레하고, 뒤꿈치는 헝겊을 덧씌워 꿰맸다. 저자바닥 사람들 같으면 양말목이 늘어져서 벌써 버렸을 것이다. 그래도 스님은 상관하지 않는다.

신발 역시 별반 다르지 않다. 적게 잡아도 2, 3년은 넘게 신었을 듯한 〈타이어표〉 검정고무신은 이미 낡을 대로 낡았다. 두 짝 모두 뒤축이 벌어진 지가 오래인 듯, 한 짝은 이미 두 겹을 겹쳐 꿰맸다. 한 짝은 옆구리마저 먹빛 헝겊을 덧대 수리했다. 겨울철에 신는 털신도 사정은 마찬가지다.

스님의 이런 입성을 두고 사람들은 힐끗거린다. 스님도 그것을 모르는 바는 아니다. 그러나 스님의 옷차림은 그대로가 수군대는 사람들에 대한 경고다. 스님은 넘쳐 나는 물질문명 세상이 영 못마땅하고, 주체하지 못해 버리는 소비풍조가 영

황토로 만들어 사금파리를 문양으로 박은 와운굴 댓돌.
댓돌의 소박한 아름다움으로 그 위에 놓인 기운 고무신이 결코 옹색해 보이지 않는다.

불편하다. 그래서 스님은 온몸으로 저항하고, 또 경종_{警鐘}을 울린다.

스님은 입버릇처럼 말한다. 사람이 살아가는 데 굳이 많은 것이 필요하지 않고, 더구나 수행자는 본래 일의일발_{一依一鉢}이면 족하다고…. 그저 분수에 맞춰 살면 그만이라며 태평이다.

꾸미거나 매만지지 않는 옷차림, 또 거기에 걸맞게 사는 것이 스님의 일상이다. '없으면 없는 대로, 불편하면 불편한 대로.'

두곡산방 공양간 시렁 위에 걸린 글귀, '없는 대로 불편한 대로'.
스님은 넘쳐나는 물질문명시대, 과소비가 두렵다고 입버릇처럼 말한다.

我所有一鉢一衣 年去年來也等閑 大夢

〈아소유 일발일의 년거년래 야등한〉, 47×35 cm.

내가 갖고 있는 것은 발우 하나 옷 한 벌, 해가 가고 오는 것을 나는 모르노라.

바느질을 하며

    육잠 스님의 밥상은 먹색 무명보다. 밥상 보자기는 접힌 채 늘 마루 한쪽에 놓여 있다.

    밥상보는 굵은 무명천에 옅은 먹물을 들여 겹으로 바느질한 것이다. 가로 100센티미터, 세로 80센티미터 정도의 밥상보는 여섯 사람이 거뜬히 앉아서 밥 먹을 수 있다.

    스님의 밥상보는 간소한 산중살림의 단면을 보여 준다. 보통 나무로 된 상床은 펴고 접어야 하고, 보관할 공간도 필요하다. 그에 비해 이 무명 밥상보는 마치 신문지를 접듯이 4등분하여 접어 버리면 그만이다. 그렇다고 밥상보가 결코 추레하지 않다. 차라리 예술이다. 밥상보 한가운데에는 흰 무명실로 들꽃 한 떨기를 수繡놓았고, 꽃 옆에는 호안 미로의 그림에서나 봄 직한 추상의 기호 같은 게 수놓여 있다. 기호는 밥상보 깃을 마무리하기 위한 새발뜨기일 터이지만, 여하튼 밥상보에 추상

두곡산방 밥상보에 놓인 자수. 육잠 스님은 이 자수를 두고
'나는 끼니마다 비린 것 공양을 받는다'며 우스갯소리를 했다.

의 수를 놓는 스님의 예술적 발상과 수놓는 솜씨만큼은 인정할
수밖에 없다.

"스님, 절집 생활하면서 바느질을 얼마나 했기에 이렇게 수
를 놓는 경지에 이르렀습니까?"

한번은 물어본 적이 있다. 스님은 출가 후 바느질을 많이 해
서 그런 것이 아니고, 아마도 어머니 솜씨를 닮은 것 같다고 했
다. 어릴 적 스님의 어머니는 손끝이 매웠다고 한다. 바느질은
물론이고, 홀치기*도 다른 사람들 두 배로 할 정도로 손이 재

---

* 1960~1970년대 농촌에서 가내수공업으로 비단실로 스카프 등을 짜던 일.

발랐다는 것이다. 아마도 어머니의 손재간을 조금 물려받은 것 같다며 멋쩍어했다.

산방 마루에는 잿빛 무명천으로 만든 도톰한 자리가 깔려 있다. 자리는 듬성듬성 손바느질로 기웠지만, 한 땀 한 땀 운율이 깃든 듯하다. 특히 자리가 눈에 띄는 것은 한쪽 귀퉁이 조그맣게 놓은 수 때문이다. 굵은 무명실로 수놓은 것은 달을 쳐다보고 있는 학 한 마리. 흰 무명실로 수를 놓았으니 백학인 셈이다. 길게 목을 뺀 학의 머리 위에는 둥근달이 하얗게 떠 있다.

학과 달, 과연 스님이 여기에 학을 수놓은 뜻은? 〈간운고학 間雲孤鶴〉, 구름 사이 한 마리 학. 모르긴 해도 학을 수놓은 것은 복잡한 세상사를 벗어나 자연 속에 몸을 숨긴 심중을 표현한 것이 아닐는지….

세상사 번뇌를 잊고 남향 청마루에 앉아 바느질하는 스님의 모습을 보면 〈자수〉라는 시에서 "남향 햇볕 속에 수를 놓고 앉으면 무궁한 사랑의 슬픔을 참아내올 듯 극락정토 가는 길도 보일 성싶다"고 노래한 허영자 시인의 싯구가 자꾸 연상된다. 그렇기에 육잠 스님의 손을 거친 것들 중 어느 것 하나 맑은 향을 머금지 않은 것이 없고, 아취雅趣를 띠지 않은 것이 없다. 그

이렇게 짠 비단 제품은 주로 외국으로 수출되어 외화벌이에 한몫했다.

것들은 인위적으로 만들었다기보다 무념무상에서 한 땀씩 박음질하다 보니 저절로 그렇게 된 듯하다.

자수들은 애초부터 꼭 그 자리에 있었던 듯 천연스레 앉혀 있다. 그것들에는 억지로 꾸미고자 하는 마음이 없다. 그렇다 보니 자연스러워 보이고, 자연스럽다 보니 더욱 정감이 가는 것이다.

그런 스님의 바느질은 검소함에서 비롯된 생활방식이다. 애써 남루를 가장하는 것이 아니다. 모자건 바랑이건 해지면 깁는 것을 산승으로서 당연한 일이라 생각한다. 바느질 또한 비오는 날 잔손질거리 정도로 스스로 편안히 여길 뿐이다. 미

천을 기워 만든 육잠 스님의 실패 꾸리. 이처럼 간단한 바느질 도구에서 〈간운고학〉과 같은 자수가 박음질된다는 것이 자못 신기할 따름이다.

당 서정주는 "가난이야 한낱 남루襤褸에 지나지 않는다"고 했다. 스님에게 있어 바느질하는 '남루'가 굳이 가난의 슬하일 필요는 없다. 차라리 처처에 도道가 있다면, 이 바느질 속에도 도가 있다고 당당히 말하고 있는 것이다.

어느 날, 육잠 스님은 큰스님 다비식 가는 길에 잠시 들렀다며 사무실로 찾아왔다. 스님은 선 자리서 도톰한 한지 봉투 하나를 바랑에서 꺼내 주고, 바쁘다면서 휑하니 사라졌다. 봉투 안에는 베갯잇 한 장이 고이 개켜 있었다. 베갯잇은 거친 무명천에 손수 먹물을 올려 빳빳이 풀을 먹였다. 화룡점정畫龍點睛, 한쪽 귀퉁이에는 앙증스런 나리꽃 한 송이가 노란 실로 수놓여

베갯잇에 수놓은 들꽃 자수.

있었다.

스님이 수놓은 먹빛 베갯잇. 노란 나리꽃을 보노라면 언제나 맑고 소박한 솔나리향이 스민다. 나리꽃 베개를 베고 자는 밤은 꿈마저 편안하다.

달밤 콩밭을 매며

집 지었던 해에 처음 알아낸 고춧내
이젠 그 고춧내 없인
가을이 지나가지 않는다.

갓 따온 고추 아랫목에 펼쳐두고
뜨끈뜨끈 불 지펴 놓으면
솔솔 피어오르는 고춧내
밤새워 맡을 수 있었다.

한 사흘 그렇게 숨을 죽여
볕에 내말릴 때까지
달디단 고춧내로 먹 감다 보면

꾸물꾸물 기어나온 고추벌레들

이불 위로 올라와 함께 잠잤다.*

　육잠 스님이 애초 두곡산방 터를 살 때 딸린 밭이 만만찮았
다. 산방 주위 여기저기 흩어진 다랑이 밭은 모두 합해 800평
은 좋이 되었다. 산골 밭 여덟 마지기를 괭이로 쪼아 혼자 농사
짓기는 벅차다. 스님은 스스로 지은 별호 〈농납農衲〉에 걸맞은
억척 농사꾼이다.

　스님은 다랑이 밭 높은 곳에는 콩, 그 아래는 들깨, 맨 밑의
밭에는 고추를 심는다. 밭두둑에 잇대어는 옥수수를 줄지어 세
우고, 밭 모서리 습한 땅에는 토란을 박는다. 햇볕 잘 드는 남새
밭에는 상추며 우엉을 심고, 개울가 돌담 위로는 호박넝쿨을
올려 둔다. 봄채소를 수확하고 나면 그 자리에 무, 배추를 갈아
가을 농사를 한다.

　예전 강원 시절이나 절집에 있을 때는 울력을 더러 했다. 절
집에서는 대중이 모여서 하는 일을 울력이라고 한다. 본디 구
름처럼 모여서 한다고 〈운력雲力〉이라고도 하고, 힘을 보태서
움직인다고 하여 〈운력運力〉이라고도 한다. 그러나 스스로 농납

---

*　임길택 유고집 《똥 누고 가는 새》 중 〈고춧내〉.

農衲으로 산림에 처한 스님에게 지난날 울력은 한낱 소일거리 정도일 뿐이다.

혼자 하는 농사일이다 보니 스님은 종일 밭고랑을 헤집고 다녀도 하루해가 모자란다. 물론 제초제라고는 아예 쳐다보지도 않으니, 잡초와의 전쟁은 치열할 수밖에 없다. 특히 장마철에는 한 이랑 김매고 허리 펴면 이랑머리는 벌써 풀이 시퍼렇게 돋을 정도라고 한다.

그렇게 흙을 파 뒤집고 잡초와 씨름하다 보니, 스님 손은 늘 시퍼렇게 풀물이 배었고, 손톱 밑에도 새까만 흙물이 들었다. 거기다가 밭을 매거나 풀을 베면서 긁히고 상처가 난 손등에는 점점이 피딱지가 말라붙었다. 고요한 절집에서 가부좌 틀고 염주 굴리는 스님들에게서는 도무지 볼 수 없는 그런 손이다. 그렇게 마구 하면서도 스님은 자신의 손을 두고 불만을 토로한 적이 있다.

"손이 험하다지만 내 손은 옳은 농사꾼 손이 아니지요. 농사꾼 손은 큼지막해서 볏단 한 단은 넉넉히 움켜쥘 만큼 손아귀 힘이 실해야 손이라 할 만하지요. 그렇게 보면 지금까지도 죽은 손 처사만큼 농사꾼 손다운 손은 보지 못했지요. 손 처사 손은 그야말로 갈퀴만 한데, 통뼈에다가 손마디도 뭉툭뭉툭하여 보기만 해도 탐스러울 정도로 억셌지요. 손이 하도 잘생겨

봄철 나면서부터 호미를 손에서 놓지 않으니
스님의 손톱 밑에는 풀물 마를 날이 없다.

두곡산방 창고에 걸린 농기구. 반농반선 생활을 실천하는 스님은
한나절 호미를 잡고, 한나절은 붓을 잡는다.

서 내가 손 처사 손을 그림으로 그린 적도 있었지요. 그런 손이라야 밭을 매거나 풀을 베도 쑥쑥 까부라지지요. 그렇지 못한 우리는 곱절 더 몸을 놀릴 수밖에 없겠지요."

스님의 손에 대한 불만을 들으면 자연 톨스토이의 《바보 이반》이 연상된다. '손에 못이 박인 사람만이 식탁에 앉을 자격이 있다'는 이반 나라의 규칙. 두곡산방에서는 손 큰 사람만 밥상머리에 앉을 수도 있겠다는 생각이 드는 것이다.

농납 스님에게 여름철 아침나절은 금쪽같은 시간이다. 어둠이 채 가시기 전에 호미를 들고 밭이랑으로 들어서야 한다. 산중이라 하더라도 여름날 한낮 뙤약볕 아래 콩밭 매기는 여간 고역이 아니다. 지열이 훅훅 달아오르는 콩밭에 엎드리면 반 고랑도 못 나가 땀이 흘러 눈으로 파고든다. 까슬까슬한 콩잎은 팔뚝에 칭칭 감기고, 마른 먼지는 풀썩풀썩 콧구멍 속으로 날아든다. 그러다 보면 일은 일대로 진척이 없고, 몸은 몸대로 지치기 마련이다. 그래서 여름날은 희뿌옇게 동이 트면 밭에 들어가 해가 한 발이나 솟으면 일을 마친다.

산중이라지만 여름밤은 덥다. 일찌감치 저녁 공양을 마치고 자리에 누웠지만, 땀이 줄줄 흐르고 모기가 성가시기만 했다. 차라리 자리를 털고 일어났다. '이럴 바에야 밭이나 매자.' 스님은 러닝셔츠에 팬티만 입은 채 콩밭으로 향했다. 여름은

유월 어느 날 새벽 감자를 캐고 있다. 스님은 여름날 찐 감자는
한 끼 공양이 되기도 한다며 해마다 감자 농사를 빠뜨리지 않는다.

두곡산방 뜰 한켠에 놓인 숫돌.

해가 떨어지면 곧바로 이슬이 내린다. 콩잎 푸성귀에 이슬이 축축이 내려 팔에 휘감겼지만 뙤약볕 아래만큼 성가시지는 않았다. 차라리 사락사락 흙 뒤집히는 소리가 정겨웠다. 두둥실 밝은 달이 콩밭을 비추고, 호미 날이 달빛에 반짝거렸다. 콩밭 옆 개울 물소리는 도란도란 아득히 흘러가는데, 건너 낙엽송 숲에서는 쏙독새가 쏙독쏙독 울어 대고…. 스님은 이미 콩밭 매는 삼매경三昧境에 들었다.

달이 한참 기운 뒤, 이윽고 스님은 허리를 폈다. 김을 맨 콩밭을 한번 휘돌아본다. 밤을 도와 한 일에 뿌듯했다. 낮보다 곱절이나 일을 더 한 듯했다.

스님은 달빛 환한 산길을 걸어 내려왔다. 차가운 앞개울 물에 호미와 발을 씻고 방으로 들어와 두 다리 쭉 뻗었다. 방 안에는 말라 가는 초물고추 단내가 후끈했다. 남창을 열었다. 건너다보이는 낙엽송 숲이 달빛에 희뿌옇다. 이미 밤도 깊어 사방은 교교한데, 스님은 고요히 앉아 구름 속을 지나는 달을 바라본다. 세상이 잠든 시각, 오히려 농납農衲의 여유로움으로 충만한 시간이다.

육잠 스님은 달밤에 콩밭을 매면서도 홀로 즐겁다. 날이 새면 여름 햇살에 콩알은 더 단단히 여물 것이다.

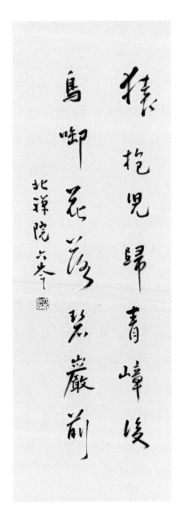

〈원포아귀청장후 조함화락벽암전〉, 35×110cm
원숭이가 새끼를 안고 푸른 절벽 뒤로 돌아가고
새가 꽃을 물어다 푸른 바위 앞에 떨어뜨린다.
선서 명저인《벽암록(碧巖錄)》의 저자 원오 선사의 게송.

똥탑

두곡산방 해우소는 정직하다. 도회지 수세식 화장실에 앉았으면 내 몸속에서 나온 것들이 어떤 것인지 알지 못한다. 굳이 알려고 하지 않는다는 것이 맞겠다. 애써 회피하려고 하니, 매일 스스로를 기만한다는 생각이 드는 것이다. 그러나 산방 해우소에서는 내가 품고 있던 '내 안'의 것들을 분명하게 확인할 수 있다. 내 안을 똑바로 봄으로써 내 몸의 구성물에 대해 정직할 수 있다. 그것으로 해우소는 오히려 몸이 개운해지는 곳이 된다.

육잠 스님은 해우소를 〈정랑靜廊〉, 즉 정갈한 집이라고 즐겨 말한다. 내 몸을 비워 정갈하게 해주고, 또 세상을 깨끗하게 해주는 자연 순환의 변환점이기에 그렇게 말하는 것이다.

두곡산방 정랑의 왕겨 통이 그것을 일깨워 준다. 정랑 한쪽에는 왕겨가 담긴 나무통이 놓여 있고, 벽에는 "똥 눈 뒤 왕겨

눈 속에 묻힌 두곡산방 해우소.

해우소 벽에 양철판 자투리에 못으로 구멍을 뚫어
'똥 눈 뒤 왕겨를 조금 뿌리세요'라고 써붙여 놓았다.

조금 뿌리세요"라고 적힌 조그만 나무토막이 붙어 있다. 왕겨를 뿌리면 아래의 내용물이 보이지 않고, 냄새도 막아 준다. 왕겨로 인해 정랑에 앉아서도 그다지 거북함을 모르는 것이다.

왕겨의 역할은 이뿐만이 아니다. 왕겨는 발효되어 저절로 거름이 되는 것이다. 퇴비는 말할 것도 없이 농사의 근본이자 생명살림의 기본이다. '거름이 곧 생명'이라는 생각은 동서양이 다를 바 없다. 서양에서는 거름을 뜻하는 'humus'가 '인류humanite'와 '겸손함humilite'의 어원이 되었다. 인류와 겸손은 다같이 거름의 자손인 것이다. 거름은 예로부터 '겸손한 인류'와 함께해 왔음이 틀림없다.

육잠 스님은 얼었던 땅이 풀리고 농사철이 다가오면, 날을 받아 정랑을 친다. 물지게처럼 생긴 똥지게에 통 두 개를 걸어 퇴비장으로 나르는 것이다. 산에서 긁어 온 낙엽을 수북이 모아 놓은 퇴비장에 똥거름을 한 번 끼얹고, 다시 낙엽을 덮는 작업을 정랑 바닥이 보일 때까지 반복하는 것이다. 낙엽과 똥은 서로 잘 발효되어 스님 농사에 요긴한 거름이 된다.

그런 만큼 스님에게 정랑을 치는 일은 한 해의 행사로 여길 정도로 무척 중요한 일이다. 스님은 똥지게 등판에 "이 똥지게는 내가 남보다 가장 잘할 수 있는 유일한 도구이다"라고 써놓았다. 그만큼 똥지게질에는 이골이 났다.

창고 판자벽에 걸린 육잠 스님의 똥지게. 요즘에는 농가에서조차
똥지게를 쉽게 구경할 수 없다. 스님은 똥을 자연의 순환자원으로 인식한다.

지게질에 자신감이 지나쳤던 것일까? 한 해 봄에는 똥지게
를 지고 비탈진 산밭을 오르다가 그만 한쪽 똥통 끈이 툭 터져
버렸다. 기우뚱 하는 바람에 맞은 편 통까지 쏟아져 똥물이 아
랫도리뿐만 아니라 온 옷을 적셨다. 계곡물에 씻고 또 씻어도
냄새가 나는 듯해 종일 킁킁거렸다. 똥지게 지는 것만큼은 자
신했는데, 똥지게한테 된통 당한 것이다.

짐작했겠지만, 이처럼 자연에 의탁한 삶이 늘 낭만적이고
편안한 것만은 아니다. 자연과 주변의 것, 그리고 모두에게는
이로운 만큼, 그런 삶을 꾸리는 사람에게는 오히려 그만큼 불

편할 수도 있다.

　높은 산 중턱에 자리한 두곡산방의 겨울은 강원도 산골만큼이나 춥다. 한겨울에는 영하 15도를 밑도는 날씨가 계속 이어진다. 정랑에서 똥을 누면 똥은 금세 얼어붙어 버린다. 겨울 동안 모인 똥은 마이산의 돌탑 모양으로 차곡차곡 쌓인다. '똥탑'이 되어 버리는 것이다. 탑 무더기는 끝내 양쪽 발판 사이를 치고 올라와 엉덩이를 찌를 정도로 위협하게 된다. 그 지경이면 스님도 도리 없이 괭이를 찾아 들고 똥탑을 무너뜨려야 한다. 괭이로 쪼아 보지만, 이미 꽁꽁 얼어 얼음덩이가 되어버린 탑은 쉽게 부서져 내릴 리가 없다. 좁은 발판 사이 공간에서 괭이를 힘껏 내려찍기가 힘들다. 설령 힘을 쓰더라도 너무 세게 찍으면 얼음조각들이 사방으로 튄다. '누런색 얼음조각들'이 옷이고 머리고 얼굴에까지…. 작업하는 동안 주의할 점은 입을 꼭 다물 것. 겨우내, 적어도 열흘에 한 번씩은 해야 하는 일이다. 똥탑 무너뜨리기는 여간한 고역이 아닌 것이다.

　이처럼 두곡산방 정랑에서는 원초적인 것과 더불어 자연의 이치를 몸으로 배우게 된다. 산방 정랑에서는 도회지에서 도무지 생각할 수 없었던 자연의 흐름을 눈으로 확인하는 것이다. 내 몸 안의 유기물이 배출되어 퇴비가 되고, 퇴비는 밭으로 가서 먹거리의 자양분이 되고, 그 먹거리는 다시 내 몸속으로 돌아와 나의 영양소가 되고, 영양소는 다시 분해되어 유기물이 되고…. 이 끊임없는 순환으로 세상 모든 것들이 생명을 얻고 삶을 영위하는 것임을 깨닫는다. 그리하여 배출은 끝이 아닌 또 다른 시작임을 안다.

안도현 시인은 똥냄새로부터 멀어지면서 우리는 고향을 잃었다고 말했다. 그러면서 똥을 잘 달래야 하는 것이, 똥이 똥으로 대접받을 때 이 세상 전체가 편해진다고 했다.

똥에 대한 대접, 그것은 인류를 떠받치고 있는 거름, 거름으로 부양되는 삶의 의미, 그리고 겸양을 이해하는 것이다. 이로써 좀더 절제된 생활, 좀더 정갈한 삶, 좀더 낮추는 마음을 생각하게 된다. 두곡산방 정랑은 하심下心을 알게 되는 곳이다.

더불어 사는 삶

가져 오신 비닐봉지나 그 밖의 여기서 필요로 하지 않는 물건들은
꼭 도로 가져가십시오. 알맞게 소유하여 가난한 기쁨을 누립시다.

두곡산방 청마루 벽에 있는 글이다.

육잠 스님은 한동안 〈푸른 산내들〉이라는 거창의 환경단체
에 몸을 담았다. 한번은 환경단체 사람들과 군郡에서 관리하는
쓰레기 소각장과 매립장을 다녀온 적이 있다. 스님은 그곳에
쌓인 산더미 같은 쓰레기를 보고 아연실색했다. 글은 쓰레기장
을 다녀온 후, 두곡산방을 찾는 사람들에게 비닐봉투나 일회용
품 사용에 대한 경각심을 일깨우기 위해 써붙여 둔 것이다.

지나치다 싶을 정도이지만, 이는 일상에서 소비되는 일회
용품은 물론이고, 생활도구도 가능한 한 공산품 사용을 억제해
보자는 생각에서 쓴 간곡한 호소문이다. '버틸 수 있는 한, 자연

주변 환경 보존과 소박한 식생활을 위해 모든 음료와 인스턴트 식품은 절대 가져오지 마십시요.

가져 오신 비닐 봉지나 그 밖의 여기서 필요로 하지 않는 물건들은 꼭 도로 가져 가십시요.

알맞게 소유하여 가난한 기쁨을 누립시다.

코딱지 환경 파숫꾼 합장

두곡산방 청마루 벽에 써 붙여 놓은 글귀.

과 순환되지 않는 것들은 쓰지 않는다.' 스님 스스로 부여한 〈코딱지 환경파수꾼〉으로서의 소임에 대한 다짐이기도 하다. 이와 같은 일상의 소소한 것들에만 한정되었던 스님의 〈코딱지 환경파수꾼〉 역할이 종내는 큰 성과로 이어진 사건이 있었다.

아랫마을 내촌리에서 두곡산방으로 오르는 길은 다랑논이 끝나면서부터 숲길이다. 특히 개울과 나란히 오르는 오솔길은 꽤나 시원한 솔바람 소리가 난다. 길 양 옆에 쭉쭉 뻗은 소나무들이 도열해 있어 누리는 청음淸音이다.

스님이 아랫마을을 오르내리는 동안 늘 그 길목에 도열하여 지켜봐 준 것이 그들 소나무다. 그 소나무 숲 초입, 잡목 사이에는 아름드리 황장목 한 그루가 서 있다. 시원하게 뻗친 기

덕동마을 입구 양철벽에 적어 놓은 경고문.
육잠 스님은 환경단체 활동을 한 이후 철저하게 일회용품 사용을 금하고 있다.

품에 솔잎이 무성하여 훤칠한 품이 언제 봐도 듬직했다. 스님은 먼길이라도 다녀올라 치면, 늘 이 한 그루 황장목 아래 와서야 비로소 '내 집에 왔구나' 하는 안도감이 들었다. 오갈 때마다 그런 생각을 갖다 보니, 마치 황장목도 반겨 주는 기분이 들기도 했다. 장승과도 같고 산방 지킴이와도 같은 황장목 한 그루를 어느덧 스님은 편애하기까지 된 것이다.

하루는 나들이 갔다가 두곡산방으로 돌아오는 길이었다. 솔숲 발치에 다다르자 산 위에서 엔진톱 소리가 요란했다. 누군가가 큰 소나무를 베어 넘기고 있는 것이었다. 잡목 수풀 사

육잠 스님이 〈코딱지 파수꾼〉
노릇으로 지켜낸 두곡산방
길 초입의 소나무. 비록 잡목 속에
묻혀 있지만 스님은 늘 이 소나무를
산방 지킴이로 여긴 만큼
끝내는 베일 위기에서 구해 냈다.

이로 살펴보니까, 읍내에 사는 안면 있는 목수였다.

그는 일이 없는 겨울이면 이 산 저 산 다니며 집 지을 만한 재목들을 추려 냈다. 적당한 나무를 만나면 산주에게 돈을 주고 사서 벌목작업을 했다. 길옆에는 이미 열 자나 됨 직한 곧은 소나무 몇 그루가 뉘어 있었다. 흰 밑동을 드러낸 소나무를 본 순간, 스님은 산방 길목에 서 있는 지킴이 황장목이 퍼뜩 떠올랐다. 놀라서 산길을 뛰다시피 올랐다. 다행히 황장목은 아직 그 자리에 서 있었다. 그런데 몸통에 노란 띠를 두르고 있었다. 벨 나무로 표시된 것이었다.

'저 나무는 베면 안 되는데…'

스님은 퉁탕거리는 가슴에 반쯤 넋이 나가 급히 산방으로 쫓아왔다. '목수는 황장목이 눈에 들어 돈을 주고 샀으니 분명 나무를 벨 것이다.' 불안한 마음에 스님은 일이 손에 잡히지 않았다. 밤이 이슥하도록 뒤척이며 황장목을 지켜 낼 궁리를 했다. '목수를 찾아가서 사정을 할까', '돈을 주면 황장목을 살 수 있을까' 갖은 생각이 다 들었다. 밤이 깊어, 혹시 간절한 마음을 솔직하게 글로 써서 나무에 달아 놓으면 통할지도 모르겠다 싶었다.

'제발 이 나무를 베지 말아 주십시오. 덕동 스님'

스님은 잠자리에서 일어나 두꺼운 종이에 붓글씨로 썼다. 뜬눈으로 밤을 샌 후, 아침 일찍 황장목 소나무가 선 곳으로 내려갔다. 소나무에다 붓글씨로 쓴 골판지를 끈으로 묶어 걸어 뒀다. 어쨌거나 목수에게 간곡한 마음이 전해지기를 바랄 뿐, 달리 뾰족한 수가 없었다.

며칠 후 저녁 무렵, 인기척에 방문을 열고 내다봤다. 사립문 앞에는 벌목하던 목수가 서 있었다. 목수 손에는 스님이 써서 황장목에 묶어 두었던 골판지가 들려 있었다. 목수는 스님을 보자 말아 온 글씨를 내보이며 "이 글을 보고 차마 벨 수가 없었습니다"라고 말했다. 너무나 뜻밖이었다. 스님은 고마움에 손해 본 나무 값을 지불하겠다고 했다. 그러나 목수는 정중히 사양했다.

진정한 마음은 언제나 통하는 것일까. 스님의 간절함이 황장목 한 그루를 지켜 낸 것이다. 그 일 이후 스님은 목수와 가깝게 지내는 사이가 되었다.

'동체대비同體大悲', 즉 만물이 하나로 자연순환에 동승하여 어우러져 사는 삶. 사람들이 조금만 욕심을 줄이고, 일체 만물과 함께한다면 보다 넉넉함을 누릴 수 있다는 것이 스님 생각이다.

스님이 거처하는 방 남창 위에는 길이 3미터는 족히 되는 글씨가 액자로 걸려 있다. 육잠 스님이 산중생활을 시작할 때 소암素菴 현중화玄仲和 선생이 써준 글이다.

渴則烹茶　困則午睡
晝則耘田　夜則靜坐
목이 마르면 차를 달여 마시고,
피곤할 적이면 낮잠을 자고,
낮에는 밭에 나가 김을 매고,
밤이 들면 고요히 하여 앉았는다.

290×15cm
스님의 거처에 걸려 있는 소암 현중화 선생의 글.

선시의 한 구절을 인용한 이 글에는 자연과 더불어 사는 삶의 여유와 방법이 제시되어 있다. 자연 속에 살면서 욕심을 내려놓으면 이렇듯 편안해질 수 있는 것이다. 자연은 주는 만큼 되돌려 준다는 것을 아는 사람은 결코 물욕物慾에 빠져 자연을 거스르는 일을 하지 않는다.

"요즘 세상에는 가난한 사람은 많지만 청빈한 사람은 드물다고 하지요. 세상을 살면서 남과 비교하여 시속을 따르자면 언제나 궁핍을 느끼게 마련일 테지요. 그래서 임제 선사臨濟 禪師는 말했습니다.

'수처작주隨處作主 입처개진立處皆眞.'

곧, 어느 곳에서나 자신이 주인이 되는 삶을 살라고 한 겁니다. 동서고금을 막론하고 인간 세상을 살면서 모든 걸 내려놓고 산다는 것은 쉽지 않은 일입니다. 그러나 더 빠르고, 더 크고, 더 편한 것을 욕망하는 데도 내 분수만큼만의 것이어야겠지요. 이렇듯 모두 경쟁적으로 소비하는 삶을 산다면 우리 인류의 장래 모습은 과연 어떻게 될까요? 이젠 모두가 비닐 한 장에서부터 가난한 기쁨까지를 생각해야 할 때입니다. 내 생의 주인이 되어 내 몫만큼만 사는 삶, 결코 산중에만 있지 않을 것입니다."

스님은 가끔 벽에 붙은 〈가난한 기쁨〉에 대해 묻는 사람들한테 들려준다. 마하트마 간디의 말, "세상은 우리의 필요에 의하면 풍요로운 곳이지만, 탐욕을 위해서는 궁핍한 곳이다"라고⋯. 그리고 자연과 더불어 사는 삶만이 풍요할 수 있다고.

스님의 휴대전화

육잠 스님에게 있어 유일한 문명의 이기利器는 휴대전화다.

봄날 하루 두곡산방에 갔다. 스님이 곤혹스러워 하고 있었다. 읍내에 사는 지인이 다음 주에 휴대전화를 사 가지고 온다는 것이었다. 지인은 두곡산방을 왔다가 두어 차례 헛걸음했던 모양이다. 그 후에도 도무지 스님하고 연락이 닿지 않아 답답해서 안 되겠다며 휴대전화를 개통해 주겠다고 했다는 것이었다.

자연의 순리에 적응한 사람 대부분은 세상의 변화에는 저항하는 사람이다. 자연은 돌고 돌아서 언제나 제자리를 지키지만, 변화하는 세상은 어디로 흘러가는지도 모르고 떠밀려 가기 때문이다. 자연에 몸을 의탁한 스님의 입장에서는 급변하는 세상의 상징인 자동차나 컴퓨터, 휴대전화 따위가 그다지 탐탁스럽지 않았다. 그런 휴대전화가 끌어들일 예측불가의 세상이 스님은 내심 불안한 것이었다.

두곡산방의 방문기록지. 스님이 출타하고 없을 때 방문한 사람들이
메모해 둘 수 있도록 늘 청마루 벽에 걸어 둔다.

어느 날 사무실에 있는데 낯선 휴대전화 번호가 떴다. 반가
운 스님의 목소리였다. 지금 대구 시외버스정류장에 막 도착했
다면서, 그쪽으로 갈 터이니 점심 공양을 같이하자는 것이었
다. 스님은 늘 대구로 나올 때면, 나간다고 편지를 보내오곤 했
다. 그런데 휴대전화였다.

식당에 앉은 스님은 바랑에서 휴대전화를 꺼내 보여 주었
다. 폴더 귀퉁이가 약간 닳은 중고 단말기였다. 스님은 '과연 이
것이 통하기는 하는구나' 하며 연신 신기해서 못 견디겠다는
낯빛이었다. 그러면서도 그 속내를 들켜 버린 것이 못내 무안

하다는 눈치였다. 스님은 휴대전화를 돌려받아 전원을 끄고 다시 바랑 깊숙이 집어넣었다.

스님이 휴대전화를 갖긴 했지만, 그것은 그야말로 '원 사이드'식 긴급통신용에 불과하다. 스님이 기거하는 덕동마을은 휴대전화가 터지지 않아 전화를 하려면 뒷산에 올라가야 한다. 그래도 겨우 들렸다 끊겼다 한다. 문자메시지를 확인하려고 해도 앞산 중턱에 올라가서 높이 치켜들고 봐야 한다.

또 하나 문제는 덕동마을에는 전기가 들어오지 않으니 휴대전화 배터리 충전을 할 수 없다는 것이다. 그래서 한번씩 5일장을 가거나 볼일이 있어 읍내에 나가게 되면 배터리 2개를 충전시킨다. 그것을 은박지에 꽁꽁 싸서 보관했다가 교체하면 한

해 질 녘 스님이 앞산 중턱에 올라가 휴대전화를 들고
방향을 맞춰 가며 수신된 메시지를 확인하고 있다.

보름 정도는 쓸 수 있다고 했다. 때문에 스님은 평소에는 휴대전화 전원을 꺼두었다가 하루 한 번씩 앞산 중턱에 올라가 문자메시지를 확인하는 정도이다. 스님의 휴대전화는 전화라기보다 전보송수신기 쪽에 더 가깝다.

무전기 같은 스님의 휴대전화. 스님의 문명의 이기 가운데 객한테 가장 큰 혜택을 입힌 것이 휴대전화이다. 휴대전화 덕에 스님이 대구로 나올 때마다 쉽게 만날 수 있어 좋다. 그러나 객을 가장 안타깝게 한 것 또한 휴대전화다. 휴대전화 때문에 솔향기 머금은 스님의 손편지를 자주 받아 볼 수 없게 된 것이다. 문명의 이기는 가까이 할수록 어쩔 수 없이 멋과 여유가 없어진다. 글이 퇴조하는 이 시대에 등장한 괴물 휴대전화는 '문명의 이기'가 아니라 '문맹文盲의 무기武器'가 되어 버렸다. 못내 아쉬운 일이다.

출근길에 스님한테 문자메시지를 보낸다.

"스님, 오늘 아침 산골에는 살얼음이 잡혔지요?"

오후 늦게 답신이 날아왔다.

"오늘은 눈이 푸슬푸슬 옵니다. 김장은 벌써 마쳤습니다."

낮게 생활하고
높이 생각한다

지게도인 🛆

22×28 cm

전시회

두곡산방 방 벽에는 족자 한 축이 걸려 있다. 빛바랜 족자 속에는 포대화상布袋和尙이 포대자루를 어깨에 둘러메고, 파초 선을 든 채 걸어가고 있다. 늘어진 배를 드러낸 포대화상은 만 면에 웃음을 머금고 세상을 떠돌아다닌다. 걸승乞僧인 포대화 상은 무엇이든 주는 대로 받아 포대자루에 넣어 뒀다가, 그것 이 필요한 사람에게 나눠 준다. 그래서 포대화상은 망상과 번 뇌로 고통받는 중생들에게 환희와 희망을 나누어 주는 복덕의 재신財神으로 통한다. 불가에서는 미륵의 화신이다.

육잠 스님은 벽에 기댄 채 하염없이 포대화상 그림을 보고 있다. 그림 속 화상은 즐거움에 빠졌고, 화상을 보는 스님은 묵 상에 빠졌다. 아마도 스님은 먹으로 되살아난 포대화상과 무언 無言의 대화를 나누고 있을 터이다.

"그림이란 참 묘하지요. 간단한 한 줄 먹선線이 생명을 얻어

두곡산방 벽에 걸린 포대화상 족자.
일본 에도시대 가노파 화가 학택탐룡(鶴澤探龍)의 작품.

이렇게 환희심을 갖도록 하지 않습니까? 이것 좀 보세요. 아이들을 좋아했다는 포대화상의 해맑은 눈웃음을 한번 보세요. 천진한 아이 눈빛마냥 그것이 그대로 전해지잖아요. 그림이란 이렇듯 수백 년 세월을 건너서도 교감할 수 있으니, 참으로 현묘한 일입니다.”

“그렇습니다. 그것이 시간과 장소를 뛰어넘어 교감하는 예술의 본질이겠지요? 그런 만큼 스님께서도 이야깃거리를 내놓고 세상 사람들과 교감 한번 해보시죠?”

오래전부터 마음에 담아 두었던 서예 전시회를 슬쩍 흘렸다.

“언제 신세진 분들한테 인사를 한 번 하긴 해야 될 텐데….”

스님은 머리를 쓸어내리며 말꼬리를 사린다.

“한번은 그런 일이 있었지요. 서울에 서예 관련 책을 전문으로 취급하는 서점이 있어요. 중국 서예에 관한 좋은 책들이 많아 서울 갈 일이 있으면 꼭 들르곤 해요. 겨울날 하루는 서울 사는 지인에게 당호를 써서 갖다 주게 되었지요. 돌아서 나오는데 주머니에 여비를 찔러 넣어 주더라고요. 뜻하지 않게 받으니 웬 공돈인가 싶었지요. 얼른 서점으로 달려가 눈여겨봐뒀던 법첩을 사지 않았겠어요. 책을 사고 나니까 얼마나 보고 싶은지…. 그래서 급히 서울역으로 가서 열차를 타고 대구까지 온 뒤 거창에 도착하니 가까스로 토굴 오는 막차에 탈 수 있더라고요. 차에서 내리니 그야말로 한겨울 눈바람이 볼이 얼얼하도록 몰아치는데, 그래도 빨리 책을 보겠다는 생각에 추운 줄도 모르고 한걸음에 토굴로 내달았지요. 급한 마음에 방에 군불도 들이지 않고 이불을 둘러쓴 채 책을 펼쳤지요. 촛불 두 자루를 켜서 그 온기에 손을 녹여 가며, 밤이 깊도록 책을 봤습니다. 책을 다 보고 책장을 덮었을 때, 나도 언젠가 전시회를 한번 해야겠다는 생각이 들더군요. 그 이후 그것이 하나의 숙제처럼 여겨지기도 하고…."

스님은 그 열정으로 농사짓는 틈틈이 서예공부를 이어 나갔다. 중국 고대 법첩을 임서臨書한 연습지가 벽장 위에 차곡차곡 쌓여 천장까지 닿았다. 연습지가 쌓일수록 주위에서 전시회를 권유하는 사람들이 많았다. 그렇지만 그때마다 스님은 웃고 말았다.

붓을 잡은 지 20년 되던 해. 육잠 스님은 깊이 고민한 끝에 결심했다. 전시작품은 좋아하는 사람들한테 모두 무료로 나눠준다는 조건을 달아 전시회를 여는 데 동의했다. 20년 동안 반농반선半農半禪의 여가에 먹과 씨름한 결과물을 대중 앞에 내놓기로 한 것이다.

막상 전시회를 준비하겠다고 마음먹었지만 개인전은 준비할 것들이 만만찮았다. 표구에서부터 도록 제작, 원고 교정, 작품 설치 등 산중 스님으로서는 쉽지 않은 일이었다. 여름과 가을, 두 계절을 부단히 움직인 결과, 대구 봉산문화회관에서 첫 전시를 열 수 있었다. 그간 지인들에게 써준 글씨를 포함하여 40여 점을 내건 것이다. 전시회 제목은 〈생명불식生命不息전〉. '살아 있는 것은 멈추지 않는다'는 이 말은 스님이 언제나 가슴에 품고 있는 화두다.

스님은 막상 전시회를 준비하면서도 편치 않은 마음이었다. 그 속내를 전시 도록 머리글에 썼다. "맨몸을 거울에 비추는 것 같아 부끄럽다"고. 수오지심羞惡之心이랄까. 산중 스님으로서 세상에 무엇을 드러낸다는 것이 못내 부끄럽고, 미안한 일이라고 했다.

전시회는 개막 전부터 관심을 끌었다. 붓글씨와 그림을 표구하기 위해 보름 전에 표구사에 맡겼는데 일주일쯤 지나서 표구사 주인에게서 연락이 왔다. 어떤 사람이 스님을 한번 만나고 싶어 한다는 것이었다.

이야기의 전말은 그랬다. 표구사 주인은 스님 작품을 배접하여 말린다고 실내 곳곳에 걸어 두었다. 그런 어느 날, 표구사 문을 열기도 전인데, 낯선 사람이 전화를 걸어 왔다. 전화한 사람은 아침운동을 하다가 우연히 표구사에 눈길을 주었다고 했다. 그런데 곳곳에 걸어 둔 서예작품들이 너무 마음에 와 닿는

〈졸박〉, 70×37cm

다면서, 들어가서 한번 보고 싶다고 하더라는 것이다. 문을 열어 줬더니 그는 배접된 작품들을 꼼꼼히 훑어본 후, 작가를 꼭 좀 만나게 해달라면서 연락처를 남기고 갔다고 했다.

스님은 도록 교정을 위해 대구에 나온 김에 표구사에 들러 전화연락을 했다. 전화의 주인공은 한걸음에 달려왔다. 그리고는 대뜸 배접해 둔 서예작품 석 점을 구입하겠다고 했다. 스님은 첫 전시회이니만큼 대중들과 작품을 통해 이야기를 나누고자 한다고 취지를 설명했다. 그리고 감사의 뜻을 전한 후, 스님은 지금까지 공부하는 동안 도움 준 분들에게 보답한다는 의미로 작품들을 나눠 주려고 한다면서 양해를 구했다. 전화 주인공은 몇 차례 더 청하다가, 스님의 뜻이 완강함을 알고, 전시회 때 들르겠다면서 물러섰다.

전시회는 개막하자마자 성황을 이뤘다. 많은 서예인과 지인들이 찾아와 작품을 감상하고, 고담준론高談峻論을 나누기도 했다. 작품은 애초 돈을 염두에 둔 전시가 아니었기에, 표구비 정도를 받고 좋아하는 사람들에게 나눠 줬다. 배접한 것을 보고 석 점 구입하겠다고 전화한 사람은 결국 한 점을 안고 돌아갔다.

옛날 학자들은 자기를 위해 공부하고, 오늘날 학자는 남을 위해 공부한다고 했다. 스님 또한 스스로 즐기는 데 서예공부의 뜻을 두었지, 남을 즐겁게 하는 데 뜻을 둔 적이 없다고 했다. 서예가 좋아서 쓰는 것인 만큼 스님은 글씨를 좋아하는 사람에게는 기꺼이 나눠 준다는 생각이다. 많은 사람들은 스님의 서예작품에서는 맑은 기운이 느껴진다고 말한다. 이는 아마도 작품을 돈으로 값을 매기지 않는, 스님의 문기文氣가 배어 있기 때문일 것이다.

육잠 스님은 오늘도 어두운 촛불 아래서 귀뚜라미 소리를 들으며 송묵松墨을 간다. 달이 이울도록 묵향에 흠뻑 젖어 묵아일여墨我一如의 경지에서 몰현금沒絃琴을 타는 것이다.

생명불식

저녁나절부터 싸락눈이 흩날렸다. 밤이 들수록 촛불이 더 흔들린다. 산중은 적멸寂滅에 든 지 오래인데, 앞산 부엉이 소리는 산창山窓 아래서 들려온다. 스님은 머리맡 벼루에 물을 붓고 천천히 먹을 갈기 시작한다. 온 방 안에 묵향이 은은하게 퍼진다. 목탁 소리가 새벽의 산방 소리라면, 묵향은 한밤의 산방 향기인 것이다.

먹 갈기를 마친 스님은 장지를 펴서 문진으로 누른다. 중필中筆을 꺼내 먹을 듬뿍 찍더니 빠른 운필로 초서를 휘갈겨 써 내린다.

橫看成嶺側成峰　遠近高低各不同

不識廬山眞面目　只緣身在此山中

가로로 보면 산맥이요 옆에서 보면 우뚝한 봉우리

원근과 고저가 보는 바에 따라 한결같지 않네

여산의 진면목을 알 수 없는 바는

이 몸이 이 산중에 처해 있는 까닭일 터.

소동파의 시 〈제 서림사벽題 西林寺壁〉. 이 시는 소동파가 49세 때 불교 성지인 여산 19봉을 보고 지은 것이다. 소동파는 여산이 때로는 산맥이 되고, 때로는 봉우리가 된다면서, 보는 위치에 따라 원근고저가 똑같지 않음을 노래한다. 그리고 그 본래의 모습을 알 수 없는 것은 내가 그 산속에 있기 때문이라고 스스로 답한다.

소동파의 시 속에 나오는 '여산진면목廬山眞面目'은 선가禪家에서 말하는 진면목, 즉 '참 자아'를 말한다. 몸이 스스로 안에 갇혀 있으면 참 자아를 볼 수 없다는 경구인 것이다.

스님은 다 쓴 글을 접어 윗목에 밀쳐 두고 다시 장지를 꺼내 펼친다. 여남은 차례 쓰고 접기를 반복하다가 붓을 놓았다. 마지막 장을 들어 벽에 붙이고는, 뒤로 물러서서 물끄러미 쳐다본다. 그리고는 다시 붓을 들어 빠르게 글을 써 내렸다. 몇 장의 파지破紙가 더 난 후, 스님은 붓을 놓고 또 한 장을 벽에다 붙였다. 앞에 붙인 것과 뒤의 것을 비교해 보는 것이다.

"굵고 가늘고, 바르고 굽고, 길고 짧고, 강하고 약하고, 빠르고 느리고, 윤택하고 마르고…. 한 획 한 획 선들이 펼치는 무궁무진한 조합, 그 원리를 이해하고 그 변용을 궁구하는 것이 결국 서예일 터이지만, 종내는 그 선들에 희로애락의 생명력을 부여함으로써 결국 하나의 도道에 이르는 것이겠지요. 그런바, 생명이 있는 것은 쉬지 않는 법입니다."

획의 근본 흐름을 이해함으로써 비로소 글씨를 운용할 수 있고, 그 운용으로 말미암아 글씨의 물미를 터득할 수 있다는 것이 스님의 붓글 쓰기 근본이다. 그래서 붓글 쓰는 사람은 다만 우직하게 쓰는 것에 최고의 가치를 둬야 한다고 말한다.

… 어둑어둑한 적막 속에 고불古佛처럼 우뚝 서 있는 빈집, 집과 나 1:1. 집을 향해 고함을 질렀다. 빈집에서 들려오는 칼날 같은 소리. '살아 있어라.'

삶은 지금 이 순간 바로 내 시간 속에서 실재實在하는 것. 선이든 악이든, 그 무엇이든 나를 떠나서 존재할 수 없다. 내가 이 깊은 산골에서 '생명불식生命不息'을 노래하는 것도 여기에 있다. 딱 내 몫만큼만 살다 가면 그만이다. 지극하게, 간절히…, 그게 도道다. …

육잠 스님이 2010년 두 번째 전시회, 〈생명불식전〉 때 도록에 쓴 발문이다. 스님은 산중생활의 절박함을 이렇게 외쳤다.

〈생명불식〉, 100×35cm

또 이것은 서도書道에 대한 스님의 간절함을 가감 없이 내보인 말이기도 하다. 스님의 글밑천은 어쩌면 '겨울 빈집 같은 고독' 일지도 모른다.

'예술은 절대고독의 골수를 빨아먹고 스스로 그 몸체를 얻는다.'

고독 속에 처해 보지 않은 사람이 어찌 인생을 말하며, 하물며 예술을 운운하겠는가. 스님은 깊은 산중에서 존재를 확인할 수 있는 유일한 수단으로 붓을 택했다. 이제는 그 붓을 고독의 친구로 유희하면서 산중 삶을 즐기고 있는 것이다.

그 가운데 스님이 틈틈이 하는 것 중 하나는 명서가들의 묵적墨跡을 감상하는 일. 이는 좋은 글씨를 쓰기 위한 공부로는 으뜸이다. 묵향이 흐르는 스님 방에는 한국은 물론이고 중국, 일본 명필의 서집들이 서가書架에 나란히 꽂혀 있다. 스님은 붓을 들기가 귀찮을 때는 서집을 손에 잡히는 대로 빼들고 한 획 한

자를 더듬는다. 붓이 꺾이고 모이는 이치를 탐구하다가 때로는 책의 여백에다 간단한 서평을 적어 놓기도 한다.

"귀신이 놀랄 만한 글씨. 붓 끝에 신운神韻이 감돈다. 깊이 들여다볼 것." 우연히 빼서 본 서집 한 귀퉁이에 적힌 메모다.

이렇듯 불가에서 공력을 들여야 여산의 진면목을 찾듯, 서가書家에서도 자기 예술세계의 본모습을 찾겠다 싶다. '오직 한 길 묵묵히 집중하여 파고드는 것.' 굳이 결실은 미뤄 짐작하지 않고, 몽당붓이 모이면 언젠가 묵의 꽃이 필 것이라는 믿음, 그것만이 전부이다.

겨울날 눈 덮인 담배막. 스님은 시린 바람 앞의 담배막과 같이
고독이 골수에 사무치면 언젠가 필묵의 꽃이 피리라며 스스로를 위안한다.

학문學問과 도道는 나란하다. 학문이 천착穿鑿하는 것이라면, 도는 궁구窮究하는 것이다. 학문이 이치를 세우는 것이라면, 도는 법 너머의 것을 깨치는 것이다. 그러나 학문과 도는 공히 몰입을 통해서 얻을 수 있다. 또 학문과 도는 공히 '닦는 것'을 방편으로 한다. 닦고 또 닦아서 본질을 드러내는 것, 그것이 학문이자 도이다. 스님이 가는 길은 이 둘을 닦아 깨치는 일일 것이다.

스님은 그렇게 세월을 두고 갈고닦은 글들과 그림들로 세 번째 〈생명불식전〉을 서울에서 열었다. 그 전시회에서는 펜화부터 유화까지, 붓글씨에서 추상화까지 다양하게 선보였다. 스님의 '쉼 없는 생명의 숨소리'가 확장하고 있는 것이다.

해거름에 군불 지피고 조금 전 늦은 저녁을 먹었습니다. 두 다리 쭉 뻗고 앉았으니 긴 겨울밤 ── 산창을 훑고 지나가는 바람소리도 지금은 정겹습니다.

깊어 가는 겨울밤 스님이 소식을 전해 왔다. 스님은 오늘도 '생명불식' 화두를 들고 깊이 묵향 속으로 빠져들고 있다. 두곡산방은 글이 쓰이는 자리다. 그리하여, 끊임없는 생명의 노래가 흐르는 곳이다. 처처處處가 먹의 화엄華嚴!

화두(話頭) 〈이 뭣꼬!〉, 20×20 cm

나오는 글

적잖은 시간이 흘렀다. 이것을 책으로 묶겠다고 생각한 지 10년이 더 지났다. 시대를 바꿀 만한 책도 아닌 것이, 그렇게 시간이 흐른 것은 "굳이 산골 살림을 책으로 남길 필요가 있겠나?"는 스님과의 실랑이 때문이었다. 2년 전, 초고草稿를 마무리해 놓았는데도 스님은 "그만두자"고 만류했다.

포기하려고 하던 차에, 2020년 EBS1 〈한국기행〉 설 특집 프로그램에서 육잠 스님을 촬영하여 방영했다. 그 프로그램을 본 친구는 전화를 걸어와 "스님이 비닐장판 부뚜막에 대고 시래기 써는 장면을 보니 안쓰럽더라"고 했다. 그러면서도 숱한 사람들이 육잠 스님의 생활방식을 응원했고, 적잖은 사람들이 그런 삶을 한번 살고 싶다고 말했다. 이에 용기를 얻어 다시 스님을 설득했다. 그런 우여곡절 끝에 이 책이 세상에 나오게 되었다.

옛날 보우 선사普雨 禪師는 설說했다. "부귀하면 뭇사람이 우러러보고, 청빈하면 자식마저 멀어진다"고. 그러함에도 청빈을 밑천으로 삼는 스님의 산거山居에 대중들이 이렇듯 응원하고 선망하는 것은 무슨 이유일까? 아마도 저자바닥 생활에 지친 사람들 눈에는 스님의 삶이 이 시대 한 폭의 〈몽유도원도〉로 비쳤기 때문이 아닐까 싶다. 얼마나 다행한 일인가. 실로 이는 쑥이 삼麻대를 의지하고자 함일 것이다.

그러나 다시 한 번 확인하건대, 이 책의 주 무대는 〈한국기행〉에 방영된 경북 영양이 아니라 경남 거창 덕동마을이다. 육잠 스님은 2012년 그곳을 떠났다. 스님이 떠날 당시, 덕동마을은 집 주인들이 몇 차례 바뀌면서 급속히 황폐해지기 시작했다. 어느 하루, 덕동마을 허무의 상징인 담배막이 헐리더니, 6개월이 지나지 않아 방앗문 헛간채가 뜯기고, 시멘트 블록 건물이 들어섰다. 또 하루는 요란한 엔진톱 소리가 난 후, 울창하던 앞산 낙엽송 숲은 민둥산으로 변해 버렸고, 스님의 다비목에 연분홍 꽃그늘을 드리우던 복사꽃도 밑동이 잘린 채 나뒹굴게 되었다. 사람이 바뀌자 생각이 바뀌고, 덕동마을도 걷잡을 수 없이 변해 갔다.

숲과 사람이 공존하지 않는 덕동은 더 이상 덕동이 아니었다. 오랜 시간 산이 길러 낸 것들이 파괴되어 낱낱으로 흩어져 버리자 두곡산방 역시 설 자리가 없었다. 사람과 자연의 어우러짐이 사라져 버린 것이다. 덕동의 과거는 해체되었고, 미래는 암담했다. 그 참상을 지켜보던 육잠 스님은 덕동마을과는 인연이 다했다면서 바랑을 챙겼다. 두곡산방 맑은 물가에 서 있던 임길택 시비詩碑는 거창 한마음도서관 마당으로 옮겨졌다.

2021년 현재, 경북 영양에서의 스님 산중생활은 예전과 별반 다르지 않다. 거창과 비슷한 3칸 토굴, 두곡산방을 짓고, 콩과 들깨를 심고, 상추를 기른다. 새벽이면 예불을 올리고, 아침에 아욱국도 끓인다. 밤이면 소쩍새 소리를 벗 삼아 먹을 갈아 묵향에 젖는 것도 여전하다. 다른 것이 있다면, 뒷산 숲길에 오체투지길을 닦아 놓고 틈틈이 오체투지를 한다는 정도이다.

이 책 퇴고가 끝날 즈음, 하루는 육잠 스님과 거창 덕동마을을 찾아갔다. 스님이 떠난 이후 처음 찾아간 덕동마을은 말 그대로 상전벽해桑田碧海였다. 마을 입구에는 태양열 가로등이 섰고, 앞개울 건너 두릅 밭에는 현대식 유리건물이 들어서 있었다. 스님이 살던 두곡산방은 '공사 중'으로 옛 모습을 가늠하기 힘들었다. 늙은 호두나무 밑에는 두 기의 높다란 돌탑이 자리 잡고 있었다.

내친김에 거창 한마음도서관에 있는 임길택 선생 시비에

도 들렀다. 그동안 세월에 시비는 풍우를 맞아 많이 피폐해져 있었다. 형상은 옛날 그대로이지만 목비이다 보니 비신 뒤쪽이 절반이나마 썩었고, 잔글씨들은 이미 알아볼 수 없을 정도로 마멸되어 있었다.

8년 만에 찾아간 거창에서 흔적마저 희미해져 버린 옛 두곡산방의 모습에 마음 아파야 했다. 또 쓰러져 가는 시비를 하루빨리 복원해야겠다는 숙제도 안고 왔다. 차라리 안 본만 못한 길이었고, 가슴 쓰린 길이었다.

애석하지만 어쩌겠는가. 그 아름답던 덕동마을이 변해 버린 것을…. 청빈의 본향이 사라져 버린 것을…. 그렇다고 우리의 기억까지 지울 수는 없을 것이다. 차라리 우리의 기억 속 몽유도원이 언제까지나 유전되기를 바라고 싶은 마음이다. 그리하여 산중생활을 꿈꾸는 사람에게는 귀거래사가 되고, 숲을 그리는 사람에게는 소로의 《월든》이 되었으면 한다. 그나마 이 한 권 책이 팍팍한 도회지 사람들 삶에 한 줄기 맑은 바람이 되었으면 좋겠다.

불황 속에도 출판을 결단해 준 나남출판 조상호 회장님과, 본새가 나게 책을 만들어 준 방순영 편집이사님, 이필숙 실장님, 민광호 부장님께 깊은 감사를 드린다.

그리고 이 책은 무엇보다, 기꺼이 주인공이 되어 주고, 분신

341

과도 같은 글과 그림을 흔쾌히 내줘, 책다운 책이 되도록 애쓴 육잠 스님의 노작임을 밝힌다. 육잠 스님, 감사합니다!

2021년 7월

징사서실주澄思書室主 합장合掌

전충진

1961년 경북 청도에서 태어났으며, 등록기준지는 울릉군 독도리 안용복길3이다. 대구대 사범대학을 졸업한 후 1991년부터 22년간 〈매일신문〉에서 기자생활을 했다. 신문사를 다니면서부터 다도와 도자기에 심취하여 도자기 입문서 《도자기와의 만남》을 출간했다. 2008년 7월 일본의 독도 도발에 맞서 '독도 상주기자'를 기획, 9월부터 이듬해 8월까지 1년간 독도 현지근무를 했으며, 당시의 체험과 연구결과를 정리하여 《여기는 독도》, 《독도에 살다》, 2권의 책을 펴냈다. 2012년부터 한국복지사이버대 독도학과 학과장을 지냈으며, 2014년부터 경상북도 독도정책과 연구·홍보사무관으로 직임 후 퇴직했다. 현재 〈조선일보〉 논픽션대상 당선(수상 자진철회)을 계기로 논픽션 글쓰기에 집중하면서 독도 강연활동을 하고 있다.